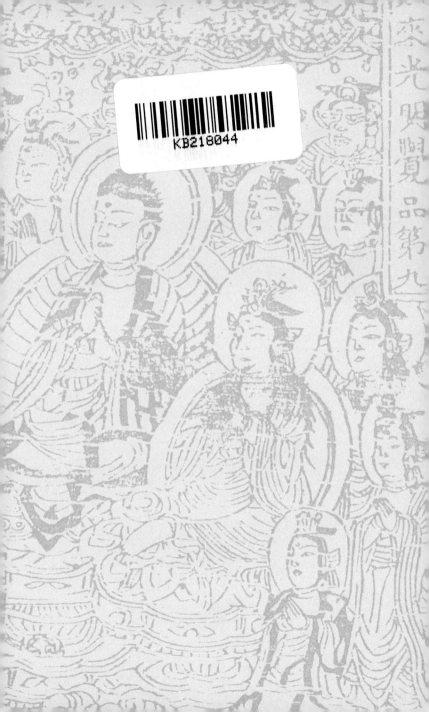

KB218044

大方廣佛華嚴經

일러두기

1. 『대방광불화엄경 강설』원문原文의 저본底本은 근세에 교정이 가장 잘 되었다고 정평
   이 나 있는 대만臺灣의 불타교육기금회佛陀敎育基金會에서 출판한 『화엄경소초華嚴經
   疏鈔』본입니다.

2. 『대방광불화엄경 강설』은 실차난타實叉難陀가 695년부터 699년까지 4년에 걸쳐
   번역해 낸 80권본卷本 『대방광불화엄경』을 우리말로 옮기고 강설을 붙인 것입니다.

3. 『대방광불화엄경』은 애초 산스크리트에서 한역漢譯된 경전이지만 현재 산스크리트
   본은 소실된 상태입니다. 산스크리트를 음차한 경우 굳이 원래 소리를 표기하려고
   하기보다는 『표준국어대사전』이나 『불교사전』 등에 등재된 한자음을 사용하는 것
   을 원칙으로 하였습니다.

4. 경문의 한글 번역은 동국역경원본을 참고하여 그대로 또는 첨삭을 하며 의미대로
   번역하고 다듬었습니다.

5. 각 품마다 내용에 따라 단락을 나누고 제목을 달았습니다. 단락의 제목은 주로
   청량淸凉스님의 견해에 기초하였고 이통현李通玄장자의 견해를 참고로 하였습니다.

6. 『대방광불화엄경 강설』의 발행 순서는 한역 경전의 편재 순서를 기준으로 하였고 각
   권은 단행본 한 권씩으로 출간될 예정이며 모두 80권으로 완간됩니다. 다만 80권본
   에 빠져 있는 「보현행원품」은 80권본 완역 및 강설 후 시리즈에 포함돼 추가될 예정
   입니다.

7. 『대방광불화엄경 강설』 안에서 불교용어를 풀이한 것은 운허스님이 저술하고 동국
   역경원에서 편찬한 『불교사전』을 인용하였습니다.

8. 각주의 청량스님의 소疏는 대만에서 입력한 大方廣佛華嚴經 사이트의 것을 사용하
   였습니다.

9. 『대방광불화엄경 강설』 입법계품에 들어가는 문수지남도는 북송北宋시대 불국佛國
   선사가 선재동자가 53명의 선지식을 친견하여 법을 구하는 장면을 하나하나 그림
   으로 그린 것입니다.

대방광불화엄경 강설
제 13 권

九. 광명각품光明覺品
十. 보살문명품菩薩問明品

실차난타實叉難陀 한역
무비스님 강설

서문

세상에는 광명이 없으면 어떤 사물도 볼 수 없습니다. 사람이 무엇을 본다는 것은 순전히 광명의 덕입니다. 우리가 보물이 가득한 창고에 들어가더라도 광명이 없으면 무엇이 흙이고 무엇이 돌이며, 무엇이 쇠고 무엇이 구리며, 무엇이 은이고 무엇이 금인지를 알 수 없습니다. 그렇다면 얼마나 답답하고 안타깝겠습니까.

그와 같이 사람의 마음에 광명과 같은 지혜가 없어서 무엇이 선이고 무엇이 악이며, 무엇이 먼저고 무엇이 나중이며, 무엇이 옳고 무엇이 그르며, 무엇이 이익이고 무엇이 손해며, 무엇이 바른 것이고 무엇이 삿된 것인지 모른다면 그 삶이 어떻게 되겠습니까. 실로 두렵기 그지없는 일입니다. 광명이란 곧 깨달음이며, 깨달음은 곧 지혜며, 지혜는 곧 진리의 가르침인 화엄경입니다.

세상 모든 분야에서의 발전은 의문으로부터 이루어집니다. 불법에서의 모든 공부와 수행도 역시 의문으로부터 출

발합니다. 보살문명菩薩問明이란 공부와 수행에서 가장 먼저 생각해야 할 의문을 갖는 태도를 드러내 보입니다. 불법을 바르게 믿고 바르게 알고 바르게 수행하고 바르게 깨달으려면 먼저 의문을 가져야 합니다. 또한 그 의문을 밝게 해결해야 합니다. 지혜의 보살인 문수보살이 여러 보살들과 함께 질문과 답을 주고받으며 불법 중에서 중요한 내용을 하나하나 분석해 갑니다.

연기는 무엇이고 교화는 무엇이며, 업과는 무엇이고 설법은 무엇이며, 복전은 무엇이고 교법은 무엇이며, 바른 행은 무엇이고 수행은 무엇이며, 일도一道는 무엇이고 부처님 경계는 무엇인지, 불법에서 아주 중요하며 기본이 되는 내용들입니다.

실로 인생에 있어서도 앞으로 앞으로 나아가려면 의문을 가져야 하며 그 의문을 밝게 해결해야 합니다. 화엄경은 그 모든 의문의 바른 답입니다. 쉼 없이 정진하여 인생의 가장 유익하고 정확한 답을 찾기를 바랍니다.

2014년 8월 15일
신라 화엄종찰 금정산 범어사
如天 無比

대방광불화엄경 목차

대방광불화엄경 강설 제13권

九. 광명각품 光明覺品

1. 세존의 정각수승

10. 인과가 원만한 덕

十. 보살문명품菩薩問明品

1. 연기심심

대방광불화엄경 강설

제13권

九. 광명각품

광명각光明覺이란 광명을 놓아 깨닫게 한다는 뜻이다. 먼저 부처님께서 두 발바닥으로 백억의 광명을 놓아서 삼천대천세계에 있는 가지가지 차별한 현상들을 비춘다. 세상의 모든 존재를 두 가지로 분류할 때 본질과 현상으로 나누는데 이것은 현상에 해당한다. 다음에는 문수보살이 지혜의 광명으로 평등한 이치를 비춘다. 이것은 존재의 본질을 뜻하는 광명이다. 부처님 몸의 광명과 문수보살의 지혜의 광명이 합하여 하나가 되어 본질과 현상이 융합한 이치를 깨닫게 하였다. 즉 본질이 곧 현상이고 현상이 곧 본질인 이치, 색이 곧 공이고 공이 곧 색인 이치를 깨닫게 하였다. 이렇게 본질과 현상이 원융하게 엮어서 천백억 화신으로 작용하는 사람 부처의 진정한 세계를 드러내 보인다.

제2회에서 이상의 여래명호품과 사성제품과 광명각품 세 품은 믿음의 의지가 될 불과佛果의 덕德을 밝혔다. 다음의 보살문명품과 정행품과 현수품 세 품은 능히 믿는 행을 보이는데 믿음에는 지혜와 수행과 그 공덕이 있는 것을 밝혔다.

1. 세존의 정각수승正覺殊勝

1) 족륜방광足輪放光

이시   세존   종양족륜하   방백억광명
爾時에 **世尊**이 **從兩足輪下**로 **放百億光明**하사

조차삼천대천세계   백억염부제   백억불바
照此三千大千世界의 **百億閻浮提**와 **百億弗婆**

제   백억구야니   백억울단월   백억대해   백
提와 **百億瞿耶尼**와 **百億鬱單越**과 **百億大海**와 **百**

억윤위산
億輪圍山하시니라

　그때에 세존이 두 발바닥으로부터 백억 광명을 놓아
서 이 삼천대천세계의 백억 염부제閻浮提와 백억 불바제
弗婆提와 백억 구야니瞿耶尼와 백억 울단월鬱單越과 백억 대
해大海와 백억 윤위산輪圍山을 비추셨습니다.

세존의 정각은 참으로 위대하고 수승하다. 위대하고 수승함을 광명으로 표현한 것이 광명각품이다. 세존이 두 발바닥으로부터 백억 광명을 놓았다는 것은 믿음을 표현한 것이다. 그래서 믿음에 관한 법문을 설하시었다. 즉, 신信 해解 행行 증證의 법문 중 믿음이 최초이다. 발바닥은 행의 근본이 되며 몸은 발바닥을 말미암아 머물 수 있듯이 믿음을 통해서 이해와 실천과 성취가 성립됨을 밝혔다.

백억 광명을 놓으니 삼천대천세계의 남쪽 염부제와 동쪽 불바제와 서쪽 구야니와 북쪽 울단월 등 각각 백억 세계나 되는 것을 남김없이 다 비추게 된 것이다. 정각의 위대함이 어느 세계에선들 위대하지 않겠는가. 깨달으신 진리가 어느 나라, 어느 민족, 어느 시대에서건 보편타당하다는 것을 상징한 것이다. 화엄경의 가르침이 옛날에는 맞았으나 지금은 맞지 않는다면 그것은 진리가 아니리라. 동양에만 맞고 서양에는 맞지 않는다면 그도 진리가 아니리라.

2) 세존의 팔상성도八相成道

백억보살수생 백억보살출가 백억여래성
百億菩薩受生과 **百億菩薩出家**와 **百億如來成**

정각 백억여래전법륜 백억여래입열반
正覺과 **百億如來轉法輪**과 **百億如來入涅槃**하시니라

또한 백억 보살의 생生을 받아 태어남과 백억 보살의 출가出家와 백억 여래의 정각正覺을 이룸과 백억 여래의 법륜法輪을 굴림과 백억 여래의 열반涅槃에 드심을 비추셨습니다.

깨달음의 광명, 진리의 광명, 지혜의 광명을 통해서 비로소 세존의 팔상성도를 이해하게 된다. 만약 불교를 수박 겉핥기 식으로 믿고, 수박 겉핥기 식으로 공부하고 만다면 어찌 세존의 일생이 눈에 들어오겠는가. 정각과 법륜을 어찌 알겠는가. 금은보화가 가득한 방 앞에 이르러 문을 열지 않고 그냥 돌아간다면 어찌 통탄할 일이 아니겠는가. 반드시 화엄경의 광명을 빌려 방문을 열고 불법의 보고寶庫 속으로 들어가 볼 일이다. 세존의 팔상성도에서 다섯 가지만 들었다.

3) 그 외의 제천諸天

백억 수미산왕　백억사천왕중천　백억삼
百億須彌山王과　百億四天王衆天과　百億三

십삼천　백억야마천　백억도솔천　백억화락
十三天과　百億夜摩天과　百億兜率天과　百億化樂

천　백억타화자재천　백억범중천　백억광음
天과　百億他化自在天과　百億梵衆天과　百億光音

천　백억변정천　백억광과천　백억색구경
天과　百億徧淨天과　百億廣果天과　百億色究竟

천　기중소유　실개명현
天하사　其中所有가　悉皆明現하니라

또한 백억 수미산왕須彌山王과 백억 사천왕중천四天王衆
天과 백억 33천天과 백억 야마천夜摩天과 백억 도솔천兜
率天과 백억 화락천化樂天과 백억 타화자재천他化自在天과
백억 범중천梵衆天과 백억 광음천光音天과 백억 변정천徧淨
天과 백억 광과천廣果天과 백억 색구경천色究竟天을 비추시
니, 그 가운데 있는 것들이 모두 다 환하게 나타났습
니다.

세존이 두 발바닥으로부터 백억 광명을 놓으니 인간 세상만 비출 뿐 아니라 온갖 천상 세계도 다 비춘다. 인간의 삶뿐만 아니라 천신들의 삶까지 깨달음의 광명으로 그 실상을 꿰뚫어 본다. 깨달음의 안목이라야 모두 다 환하게 나타난다.

4) 세존의 법회

여 차 처   견 불 세 존   좌 연 화 장 사 자 지 좌
如此處에 **見佛世尊**이 **坐蓮華藏獅子之座**어시든

십 불 찰 미 진 수 보 살   소 공 위 요   기 백 억 염 부
十佛刹微塵數菩薩의 **所共圍遶**하야 **其百億閻浮**

제 중   백 억 여 래   역 여 시 좌
提中에 **百億如來**도 **亦如是坐**하시니라

이곳에서 부처님 세존이 연화장 사자좌에 앉으셨는데 십불찰 미진수의 보살들이 함께 둘러싸고 있는 것을 보는 것과 같이 백억 염부제閻浮提 가운데의 백억 여래께서도 또한 이와 같이 앉으시었습니다.

세존은 처음 정각을 이루신 보리도량에서 자리를 옮겨 보광명전 사자좌에 앉아 계시고, 십불찰 미진수의 보살들이 둘러싸고 있다. 그런데 다시 또 백억이나 되는 염부제에 또 백억이나 되는 세존이 똑같이 그렇게 계신다. 주위 환경과 둘러싸고 있는 보살들의 숫자도 또한 똑같다. 이것은 무슨 말인가. 산천초목과 두두물물이 모두 세존이고 모두 보살들이다. 너도나도 다 같이 천백억 화신이 되어 불성생명으로 이렇게 존재한다.

5) 법회에 온 대중

실 이 불 신 력 고   시 방 각 유 일 대 보 살   일 일 각
悉以佛神力故로 十方各有一大菩薩이 一一各

여 십 불 찰 미 진 수 제 보 살   구   내 예 불 소
與十佛刹微塵數諸菩薩로 俱하야 來詣佛所하시니

기 명 왈 문 수 사 리 보 살   각 수 보 살   재 수 보 살
其名曰文殊師利菩薩과 覺首菩薩과 財首菩薩과

보수보살　공덕수보살　목수보살　정진수
寶首菩薩과 功德首菩薩과 目首菩薩과 精進首

보살　법수보살　지수보살　현수보살
菩薩과 法首菩薩과 智首菩薩과 賢首菩薩이요

　모두 부처님의 신통력으로 시방에 각각 한 큰 보살이 있고, 낱낱의 보살이 각각 십불찰 미진수의 보살과 함께 부처님 계신 곳에 나아갔느니라. 그들의 이름은 문수사리文殊師利보살과 각수覺首보살과 재수財首보살과 보수寶首보살과 공덕수功德首보살과 목수目首보살과 정진수精進首보살과 법수法首보살과 지수智首보살과 현수賢首보살이었습니다.

　시방으로 각각 십불찰 미진수의 보살이 있고 그 보살들 중에 각각 한 분의 큰 보살이 있다. 그들의 이름을 밝혔다. 이름에 모두 머리, 우두머리, 으뜸, 상수라는 수首 자가 놓여 있다. 불법을 수행하고 깨달음을 이루어 중생을 교화하는 데는 가장 중요한 것이 믿음이라는 뜻이다. 믿음의 중요성을 설법하려는 뜻에서 법회 대중의 상수보살들을 소개하면서 상징하여 나타낸 것이다.

6) 보살들이 온 세계

시제보살　소종래국　소위금색세계　묘색
是諸菩薩이 所從來國은 所謂金色世界와 妙色

세계　연화색세계　담복화색세계　우발라화
世界와 蓮華色世界와 薝蔔華色世界와 優鉢羅華

색세계　금색세계　보색세계　금강색세계
色世界와 金色世界와 寶色世界와 金剛色世界와

파려색세계　평등색세계
玻瓈色世界와 平等色世界라

그리고 이 모든 보살들이 좇아온 바의 국토는 이른
바 금색金色세계와 묘색妙色세계와 연화색蓮華色세계와 담
복화색薝蔔華色세계와 우발라화색優鉢羅華色세계와 금색金色
세계와 보색寶色세계와 금강색金剛色세계와 파려색玻瓈色세
계와 평등색平等色세계였습니다.

보살들이 온 세계를 밝혔다. 그 세계 또한 차별 현상을
표현하는 색色을 들어 표현하였다. 차별의 현상은 곧 본질
인 평등과 다르지 않으면서 다르다. 모두가 아름답기 그지
없는 세계들이다.

7) 모신 부처님

차 제 보 살   각 어 불 소   정 수 범 행   소 위 부
此諸菩薩이 各於佛所에 淨修梵行하시니 所謂不

동 지 불   무 애 지 불   해 탈 지 불   위 의 지 불   명
動智佛과 無礙智佛과 解脫智佛과 威儀智佛과 明

상 지 불   구 경 지 불   최 승 지 불   자 재 지 불   범
相智佛과 究竟智佛과 最勝智佛과 自在智佛과 梵

지 불   관 찰 지 불
智佛과 觀察智佛이시니라

이 모든 보살이 각기 부처님 계신 곳에서 범행梵行을
깨끗이 닦았으니, 이른바 부동지불不動智佛과 무애지불無
礙智佛과 해탈지불解脫智佛과 위의지불威儀智佛과 명상지불明
相智佛과 구경지불究竟智佛과 최승지불最勝智佛과 자재지불自
在智佛과 범지불梵智佛과 관찰지불觀察智佛이셨습니다.

그 많고 많은 보살 대중들이 훌륭한 보살이 될 수 있었
던 근본이 있음을 밝혔다. 모두 부처님의 처소에서 청정한
범행을 잘 닦았다. 그들이 모셨던 부처님은 이름에 모두 지
혜라는 지智 자가 있는 부처님들이다. 하나하나 명호가 얼

마나 뛰어난 부처님들인가. 부동지불不動智佛 무애지불無礙智
佛 해탈지불解脫智佛 들이다. 불법에는 무엇보다 지혜가 근본
이다. 자비도 지혜가 있어야 바른 자비를 실천할 수 있기 때
문이다.

8) 일체처一切處 문수보살의 게송

이 시   일 체 처 문 수 사 리 보 살   각 어 불 소   동
爾時에 一切處文殊師利菩薩이 各於佛所에 同

시 발 성   설 차 송 언
時發聲하사 說此頌言하사대

　그때에 일체처一切處의 문수사리보살이 각각 부처님 계
신 곳에서 동시에 소리를 내어 이 게송을 말하였습니다.

　일체처一切處의 문수사리보살이란 무슨 뜻인가. 명명백초
두明明百草頭에 명명조사의明明祖師意라 했듯이 낱낱이 문수사
리보살이요, 낱낱이 지혜광명이다. 옛날 해인사에서 산감을
살 때, 길에서 자주 만나는 거지가 있었다. 행여 문수보살이

아닐까 의심하였는데 지금 생각하니 기특하게도 바로 의심하였던 것이다. 어디 그뿐이겠는가. 천지만물이 모두 문수보살이 되어 동시에 소리를 내어 게송을 읊어 노래 부른다. 처처가 불상이요, 사사가 불공이라는 말도 있다. 지혜의 광명으로 존재의 실상을 꿰뚫어 보아 처처가 문수사리보살임을 알아야 하리라.

(1) 바른 이치가 아님

약 유 견 정 각
若有見正覺이

해 탈 이 제 루
解脫離諸漏하고

불 착 일 체 세
不着一切世하면

피 비 증 도 안
彼非證道眼이니라

만약 어떤 이가 정각正覺을 보되

해탈하여 모든 번뇌[漏]를 떠나고

온갖 세간에 집착하지 않는 줄로 보면

그는 도안道眼을 증득한 것이 아니니라.

도안을 갖춘 부처님은 번뇌도 떠나지 아니하고 망상도

떠나지 아니한다. 또한 세간에 집착도 아니하고 해탈도 아니한다. 도안을 갖춘 부처님은 번뇌 망상과 집착과 해탈을 다 부정하고 다 긍정하여 수용한다. 무엇에 걸리겠는가. 굳이 표현하면 중도적 삶이라 한다.

(2) 바른 이치

약 유 지 여 래
若有知如來가

체 상 무 소 유
體相無所有하야

수 습 득 명 료
修習得明了하면

차 인 질 작 불
此人疾作佛이로다

만약 어떤 이가 여래는

체상體相이 없는 줄 알아서

닦고 익혀 명료明了함을 얻으면

이 사람은 빨리 부처를 지으리라.

여래는 실로 고정된 체상이 없으나 없는 가운데서 천백억 화신을 나타낸다. 완전한 공이면서 온갖 물질과 소리로 천변만화한다. 그래서 여래의 물질은 공한 것이므로 마음대로 물질로 나타나도 걸림이 없다. 이와 같이 알아야 부처를 이루리라.

(3) 세계와 불佛의 평등

능 견 차 세 계
能見此世界호대

기 심 불 요 동
其心不搖動하고

어 불 신 역 연
於佛身亦然하면

당 성 승 지 자
當成勝智者로다

능히 이 세계를 보되
그 마음이 움직이지 아니하고
부처님 몸에 대해서도 또한 그렇게 보면
마땅히 훌륭한 지혜 있는 이가 되리라.

훌륭한 지혜 있는 이란 곧 여래다. 사람의 불성생명에는 본래로 부동성이 있다. 그것을 또한 부동지不動智여래라고 하였다. 육조 혜능스님은 그것에 대해 "어찌 내 자성이 본래로 동요가 없음을 예측이나 했겠는가[何期自性本無動搖]."라고 하였다. 그 부동성을 가져서 세계도 보고 부처님의 몸도 본다. 이와 같이 보면 수승한 지혜를 이루게 되리라.

(4) 불佛과 법法의 평등

약 어 불 급 법	기 심 요 평 등
若於佛及法에	**其心了平等**하야

이 념 불 현 전	당 천 난 사 위
二念不現前하면	**當踐難思位**로다

만약 부처님과 법에
그 마음이 평등함을 요달하여
두 가지 생각이 나타나지 않으면
마땅히 생각하기 어려운 지위에 오르리라.

생각하기 어려운 지위란 곧 부처님의 지위다. 부처님의
지위에 오르려면 부처님과 법을 두 가지로 보지 않아야 한
다. 부처님도 불성생명이고, 법도 그 불성생명이 여러 가지로
작용하여 나타나는 것이다. 부처가 금이라면 법은 금으로
비녀, 반지, 시계, 불상 등을 만들어 놓은 현상이다. 이것들
을 어찌 다른 것으로 보겠는가. 어찌 두 가지로 보겠는가.

(5) 불佛과 중생의 평등

약 견 불 급 신	평 등 이 안 주
若見佛及身이	平等而安住하야

무 주 무 소 입	당 성 난 우 자
無住無所入하면	當成難遇者로다

만약 부처님과 자신自身이

평등하게 안주하여

머무름도 없고 들어감도 없음을 보면

마땅히 만나기 어려운 이를 이루리라.

만나기 어려운 이란 곧 부처님이다. 화엄경의 근본 종지
는 마음과 부처와 중생, 이 셋은 차별이 없다고 보는 것이
다. 이 사실을 깨달아 알면 곧 부처님이 되리라.

(6) 오온五蘊의 평등

색 수 무 유 수	상 행 식 역 연
色受無有數며	想行識亦然하니

약 능 여 시 지	당 작 대 모 니
若能如是知하면	當作大牟尼로다

색色과 수受가 수數가 없으며

상想과 행行과 식識도 또한 그러하니

만약 능히 이와 같이 알면

마땅히 대모니大牟尼가 되리라.

대모니란 곧 부처님이다. 오온五蘊은 오온이 아니다. 무
슨 실체가 있어서 그것을 다섯 가지로 분류하랴. 오온이 개
공皆空인 것을.

(7) 세간과 출세간의 초월

세 급 출 세 간
世 及 出 世 間에

일 체 개 초 월
一 切 皆 超 越하야

이 능 선 지 법
而 能 善 知 法이면

당 성 대 광 요
當 成 大 光 耀로다

세간과 출세간에서

일체를 다 초월하여

능히 법을 잘 알면

마땅히 큰 빛을 이루리라.

큰 빛이란 곧 부처님이다. 부처님을 여러 가지 시각에서 표현하였다. 세간과 출세간을 나누는 것도 일찍이 모순이 많다. 무엇이 세간이고 무엇이 출세간인가. 세간도 출세간도 실체가 없음을 보면 그것이 초월하는 것이다.

(8) 마음에 남이 없다

약 어 일 체 지　　　　발 생 회 향 심
若於一切智에　　　**發生廻向心**호대

견 심 무 소 생　　　　당 획 대 명 칭
見心無所生하면　　**當獲大名稱**이로다

만약 일체 지혜에
회향하는 마음을 내되
마음이 나는 바가 없음을 보면
마땅히 큰 명칭을 얻으리라.

큰 명칭이란 곧 부처님이다. 불법은 그 아름다움이 회향에 있다. 회향하는 마음은 위대한 지혜에서 나온다. 회향하는 마음을 내지 못하면 그는 불자가 아니다. 그러나 마음이 어디에서 어떻게 나오는가. 마음은 내되 내는 바가 없다.

(9) 중생의 무생멸無生滅

중 생 무 유 생
衆生無有生이며

역 부 무 유 괴
亦復無有壞니

약 득 여 시 지
若得如是智하면

당 성 무 상 도
當成無上道로다

중생은 생김도 없으며

또한 다시 무너짐도 없으니

만약 이와 같은 지혜를 얻으면

마땅히 최상의 도를 이루리라.

　최상의 도란 부처님이 얻으신 도다. 일체의 법은 불생不生이며 일체의 법은 불멸不滅이다. 불생불멸이 일체 존재의 실상을 보는 불교의 관점이다. 그래서 세간의 형상이 항상 머무른다고도 하였다.

(10) 하나와 무량

일 중 해 무 량
一中解無量하고

무 량 중 해 일
無量中解一하야

요 피 호 생 기
了彼互生起하면

당 성 무 소 외
當成無所畏로다

하나 가운데서 한량없음을 알고

한량없는 가운데서 하나를 알아

그것이 서로 함께 일어남을 알면

마땅히 두려울 바 없음을 이루리라.

두려울 바 없음이란 곧 부처님을 일컫는다. 존재의 본질
은 언제나 텅 비어 공하다. 그 공한 본질에서 천백억 화신으
로 작용하는 것이 현상이다. 그래서 하나가 곧 일체요 일체
가 곧 하나라고 하며, 하나 가운데 일체가 있고 많은 것 가
운데 하나가 들어 있다고 하였다. 그래서 육조 혜능스님은
"본래 저절로 구족하였으며[本自具足], 능히 만법을 만들어 낸
다[能生萬法]."고 하였다. 청량스님은 "하나와 많음이 걸림이
없는 것이 마치 텅 빈 방에 1천 개의 등불을 밝혔으나 서로
서로 방해하지 않음과 같다."[1]고 하였다.

---

1) 一多無礙 等虛室之千燈.

2. 정각正覺의 인과

1) 광명변조光明編照

이시　광명　과차세계　변조동방십불국
爾時에 光明이 過此世界하야 徧照東方十佛國

토　남서북방　사유상하　역부여시　피
土하고 南西北方과 四維上下도 亦復如是하시니 彼

일일세계중　개유백억염부제　내지백억색구
一一世界中에 皆有百億閻浮提와 乃至百億色究

경천　기중소유　실개명현
竟天이라 其中所有가 悉皆明現하니라

　그때에 광명이 이 세계를 지나서 동방의 열 불국토
를 두루 비추고 남서 북방과 네 간방間方과 상방上方 하방
下方도 또한 다시 이와 같이 하였습니다. 그 낱낱의 세계
가운데에 모두 백억의 염부제閻浮提와 내지 백억의 색구

경천色究竟天이 있는데 그 가운데 있는 것들이 다 모두 분명하게 나타났습니다.

세존이 두 발바닥으로부터 백억 광명을 놓아서 시방세계와 이 삼천대천세계의 백억 염부제閻浮提와 백억 불바제弗婆提와 백억 구야니瞿耶尼와 백억 울단월鬱單越과 백억 대해大海와 백억 윤위산輪圍山 등등 백억의 색구경천色究竟天에 이르기까지 그 가운데의 모든 것을 낱낱이 다 환하게 나타내었음을 다시 밝혔다. 깨달음의 광명이 얼마나 밝고 얼마나 중요한 것인가를 다시 강조하였다.

2) 세존이 자리에 앉다

여 차 처   견 불 세 존   좌 연 화 장 사 자 지 좌
如此處에 **見佛世尊**이 **坐蓮華藏獅子之座**어시든

십 불 찰 미 진 수 보 살   소 공 위 요   피 일 일 세 계
十佛刹微塵數菩薩의 **所共圍遶**하야 **彼一一世界**

중   각유백억염부제   백억여래   역여시좌
中에 各有百億閻浮提의 百億如來도 亦如是坐하시니라

이곳에서 부처님 세존이 연화장 사자좌에 앉으셨는
데 열 불찰 미진수의 보살들이 함께 둘러싸고 계신 것
을 보는 것과 같이 저 낱낱의 세계 가운데에서도 각각
백억 염부제의 백억 여래가 또한 이와 같이 앉으셨습
니다.

앞에서 세존의 정각이 수승함을 밝힌 내용에 있는 것과
그 형식이 같다. 다시 한 번 거듭 밝힌 것이다. 역시 화엄법
계 연기의 이치를 보인다. 하나를 들면 전체가 들리는 이치
를 보인 것이다. 이곳에서 세존이 사자좌에 앉으시니 백억 염
부제에 계시는 백억 여래도 또한 이와 같다. 마치 "나비의 작
은 날갯짓이 지구 반대편에서는 커다란 태풍이 된다."는 카
오스의 이론과도 닮아 있다.

3) 보살 대중

실이불신력고   시방각유일대보살   일일
悉以佛神力故로 十方各有一大菩薩이 一一

각여십불찰미진수제보살   구   내예불소
各與十佛刹微塵數諸菩薩로 俱하야 來詣佛所하시니

기대보살   위문수사리등   소종래국   위금색
其大菩薩은 謂文殊師利等이며 所從來國은 謂金色

세계등   본소사불   위부동지여래등
世界等이며 本所事佛은 謂不動智如來等이니라

모두 부처님의 위신력으로 시방에 각각 한 큰 보살
이 있고 낱낱의 보살이 각각 열 불찰 미진수의 모든 보
살들과 함께 부처님 계신 곳에 나아가니, 그 큰 보살은
문수사리 등이며 좇아온 바의 국토는 금색세계 등이며
본래 섬기던 부처님은 부동지여래 등이었습니다.

앞에서 밝힌 바를 거듭 밝혔다. 재차 인식시키려는 의도
가 분명하게 드러난 내용이다.

4) 일체처 문수보살의 게송

이 시   일 체 처 문 수 사 리 보 살   각 어 불 소   동
爾時에 **一切處文殊師利菩薩**이 **各於佛所**에 **同**

시 발 성   설 차 송 언
時發聲하사 **說此頌言**하사대

그때에 일체처의 문수사리보살이 각각 부처님 계신
곳에서 동시에 소리를 내어 이 게송을 말하였습니다.

(1) 정각의 인因

중 생 무 지 혜   애 자 소 상 독
衆生無智慧하야   **愛刺所傷毒**일새

위 피 구 보 리   제 불 법 여 시
爲彼求菩提하시니   **諸佛法如是**로다

중생이 지혜가 없어서

애착의 가시에 상한 바가 됨이라.

그들을 위해 보리를 구하시니

모든 부처님의 법이 이와 같도다.

부처님이 출가하시고 6년 고행 끝에 정각을 이루신 그 위대한 사건에 대한 목적을 밝혔다. 다시 말해서 "불교가 세상에 왜 존재하는가?" 하는 문제이다. 중생들이 애착의 가시에 찔리어 상처투성이가 되고 피투성이가 되어 그 고통이 헤아릴 수 없이 많다. 부처님은 그들을 구제하기 위해서 깨달음을 구하고 정각을 구했다. 이것이 곧 불교가 세상에 존재하는 목적이다. 무엇으로 그들을 구제할 것인가. 모든 사람은 본래로 해탈성과 대자유성과 무한안락성을 지니고 있다는 사실을 일깨워서 스스로 그것을 누리도록 하는 것이다.

(2) 정각의 과용果用

보 견 어 제 법	이 변 개 사 리
普見於諸法하고	**二邊皆捨離**일새
도 성 영 불 퇴	전 차 무 등 륜
道成永不退하사	**轉此無等輪**이로다

모든 법을 널리 보고

이변二邊을 다 버리며

도를 이루어 길이 물러서지 않고

짝이 없는 법륜을 굴리신다.

모든 법을 널리 본다는 것은 내 자성 안에 본래부터 저절로 모든 것이 갖춰져 있음과 본래부터 저절로 청정함과 본래부터 불생불멸함과 본래부터 저절로 무한창조할 수 있음을 보는 것이다. 또한 본래부터 보는 신통, 듣는 신통, 냄새 맡는 신통, 맛보는 신통, 감수하는 신통, 아는 신통, 손발을 움직이는 신통, 걸어 다니는 신통, 물건을 잡는 신통, 글씨를 쓰는 신통 등을 갖추고 있음을 보는 것이다. 그래서 본질에도 치우치지 않고 현상에도 치우치지 않아서 있음과 없음과 공함과 색의 양변을 다 초월한다는 것이다. 이러한 사실을 깨우쳐 활발발하게 살도록 하는 것이 곧 짝이 없는 법륜을 굴리는 것이다.

불 가 사 의 겁
不可思議劫에

위 도 제 중 생
爲度諸衆生이시니

정 진 수 제 행
精進修諸行은

차 시 대 선 력
此是大仙力이로다

불가사의한 겁 동안

정진하여 온갖 행을 닦음은

모든 중생들을 제도하기 위함이시니

이것은 대선大仙의 힘이로다.

대선大仙이란 곧 부처님을 달리 부르는 이름이다. 큰 신선

이다. 세상에서 가장 빼어난 사람을 '신선 같다.'라고도 한

다. 오래고 오랜 세월 동안 고행하시고 정진하신 일은 모두

가 중생을 제도하기 위함이다.

도 사 항 중 마
導師降衆魔가

용 건 무 능 승
勇健無能勝이라

광 중 연 묘 의
光中演妙義하시니

자 비 고 여 시
慈悲故如是로다

도사導師께서 마군들을 항복받음이여

그 용맹이 능히 이길 자가 없어

광명 가운데서 미묘한 뜻 설하시니

자비하신 연고로 이와 같도다.

부처님께서 수행하실 때 마군들을 항복받는 일이 두 가지였다. 하나는 역경계逆境界이고 또 하나는 순경계順境界였다. 역경계는 자신을 두렵게 하고 고통스럽게 하고 힘들게 하는 경우며, 순경계는 자신의 마음이 유혹에 흔들리게 하는 아름다운 여인과 편안한 환경들이었다. 부처님은 이 모두를 용맹으로 항복받았다.

이 피 지 혜 심
以彼智慧心으로

파 제 번 뇌 장
破諸煩惱障일새

일 념 견 일 체
一念見一切하시니

차 시 불 신 력
此是佛神力이로다

저 지혜의 마음으로
모든 번뇌의 장애를 깨뜨릴새
한 생각에 일체를 다 보시니
이것은 부처님의 위신력이로다.

번뇌와 무명을 제거하는 길은 지혜뿐이다. 지혜가 밝은 빛이라면 번뇌와 무명은 캄캄한 어둠이다. 어둠을 소멸하는 것은 밝은 빛뿐이기 때문이다. 우리에게는 본래로 갖춰진 지혜성이 있으며 광명성이 있다. 이 지혜광명성을 드러내기만 하면 번뇌무명성은 저절로 소멸된다.

격 우 정 법 고　　　　　　각 오 시 방 찰
擊于正法鼓하사　　　　**覺悟十方刹**하야

함 령 향 보 리　　　　　　자 재 력 능 이
咸令向菩提케하시니　　**自在力能爾**로다

정법正法의 북을 두드리어

시방세계를 깨닫게 하여

다 보리에 나아가게 하시니

자재하신 힘이 능히 이러하도다.

사람의 진여불성에는 저절로 자재력이 갖춰져 있다. 정법의 북을 두드려서 시방세계 중생들에게 자신의 진여불성을 깨닫게 해야 한다. 부처님의 설법이 그래서 필요하며, 경전의 가르침이 그래서 필요하며, 전법포교가 그래서 필요하다.

(3) 중생을 제도함

불 괴 무 변 경	이 유 제 억 찰
不壞無邊境하고	**而遊諸億刹**호대

어 유 무 소 착	피 자 재 여 불
於有無所着이면	**彼自在如佛**이로다

끝없는 경계를 무너뜨리지 않고

모든 억만 세계에 노닐되

유有에 집착이 없으면

그의 자재함이 부처님과 같도다.

사람은 세상에 태어나서 성장하여 사회생활을 하고 점점
늙어 가면서 일생을 사는 동안 천백억 화신으로 천변만화한
다. 그야말로 끝없는 경계를 무너뜨리지 않고 모든 억만 세
계에 노닌다. 그러나 사람들이 상처를 받으며 피투성이가 되
고 고통에 시달리는 것은 유有에 집착하여 자유롭지 못하기
때문이다. 사람의 진여불성에는 본래로 대자유와 대해탈이
갖춰져 있다. 유有에서 공空으로 전환하여 자유감과 해탈감
으로 살아야 한다.

제 불 여 허 공
諸佛如虛空하사

구 경 상 청 정
究竟常淸淨하시니

억 념 생 환 희
億念生歡喜하면

피 제 원 구 족
彼諸願具足이로다

모든 부처님은 허공과 같으사

끝까지 항상 청정하시니

그것을 생각하여 기뻐하면

저 모든 원願을 구족하도다.

우리들의 진여불성과 생명성은 텅 비어 허공과 같고 철저
하게 청정하다. 허공성과 청정성을 본래로 다 갖추고 있는
것이 사람이므로 그것을 깊이 관조觀照하면 일체 원을 구족
하리라.

일 일 지 옥 중
一一地獄中에

경 어 무 량 겁
經於無量劫하시니

위 도 중 생 고
爲度衆生故로

이 능 인 시 고
而能忍是苦로다

낱낱 지옥 가운데서
한량없는 겁을 지내시니
중생들을 제도하기 위한 연고로
능히 이 고통을 견디도다.

　부처님의 서원을 인격화하여 나타난 보살이 지장보살이
다. 지장보살은 "중생들을 다 제도하고 나서 비로소 보리를
증득하겠다. 지옥이 텅 비기 전에는 맹세코 성불하지 않겠
다. 내가 지옥에 들어가지 아니하면 누가 지옥에 들어가겠
는가."[2]라는 세 가지로써 그 중생 제도의 정신을 나타내었
다. 그야말로 자신을 제도하기 전에 다른 사람부터 먼저 제
도하겠다는 보살의 정신이다.

불 석 어 신 명
不惜於身命하고

상 호 제 불 법
常護諸佛法하시니

무 아 심 조 유
無我心調柔하야

능 득 여 래 도
能得如來道로다

---

2) 1, 衆生度盡方證菩提 2, 地獄未空誓不成佛 3, 我不入地獄誰入地獄.

몸과 목숨을 아끼지 않고
항상 모든 불법을 옹호하시니
아我가 없어 마음 편안하여
능히 여래의 도를 얻었도다.

　사람 사람의 진여불성에는 본래로 무아성無我性이 있다.
그러므로 불법을 보호하기 위해 몸과 목숨을 아끼지 아니하
고 순교까지도 할 수 있다. 만약 고정불변하는 내가 있다면
설사 불법을 위해서라 하더라도 버려서도 안 되며 버릴 수도
없다.

3. 정각의 팔상八相

1) 광명변조光明徧照

이시　광명　과십세계　변조동방백세계
爾時에 **光明**이 **過十世界**하야 **徧照東方百世界**

남서북방　사유상하　역부여시　　피제
하고 **南西北方**과 **四維上下**도 **亦復如是**하시니 **彼諸**

세계중　개유백억염부제　내지백억색구경
世界中에 **皆有百億閻浮提**와 **乃至百億色究竟**

천　　기중소유　실개명현
天이라 **其中所有**가 **悉皆明現**하나라

　그때에 광명이 열 세계를 지나서 동방의 백 세계를
두루 비추고 남서 북방과 네 간방間方과 상방上方 하방下
方도 또한 다시 이와 같이 하였느니라. 그 모든 세계 가
운데에 모두 백억의 염부제와 내지 백억의 색구경천이

있는데 그 가운데 있는 것들이 다 모두 분명하게 나타
났습니다.

2) 세존이 자리에 앉다

피일일염부제중   실견여래   좌연화장사
彼一一閻浮提中에 悉見如來가 坐蓮華藏獅

자지좌   십불찰미진수보살   소공위요   실
子之座어시든 十佛刹微塵數菩薩의 所共圍遶라 悉

이불신력고   시방각유일대보살   일일각여십
以佛神力故로 十方各有一大菩薩이 一一各與十

불찰미진수제보살   구   내예불소   기대
佛刹微塵數諸菩薩로 俱하야 來詣佛所하시니 其大

보살   위문수사리등   소종래국   위금색세
菩薩은 謂文殊師利等이며 所從來國은 謂金色世

계등   본소사불   위부동지여래등
界等이며 本所事佛은 謂不動智如來等이니라

그 낱낱의 염부제 가운데 다 보니 여래가 연화장 사
자좌에 앉으셨는데 열 불찰 미진수의 보살들이 함께 둘

러싸고 있었느니라. 모두 부처님의 위신력으로 시방에 각각 한 큰 보살이 있고, 그 보살들이 낱낱이 각각 열 불찰 미진수의 모든 보살들과 함께 부처님 계신 곳에 나아가니라. 그 큰 보살은 문수사리 등이며 좇아온 바 의 국토는 금색세계 등이며 본래 섬기던 부처님은 부동 지여래 등이었습니다.

광명각품의 세 번째에서 부처님이 정각을 이루신 여덟 가 지 현상을 밝히는데 먼저 광명을 놓아 시방세계를 환하게 비 추는 내용과 다시 세존이 자리에 앉으시는 내용을 거듭 밝 혔다. 역시 문수보살은 금색세계에서 왔으며 섬기면서 수행 하셨던 부처님은 부동지여래이시다.

3) 일체처 문수보살의 게송

이 시   일 체 처 문 수 사 리 보 살   각 어 불 소   동
爾時에 一切處文殊師利菩薩이 各於佛所에 同

시 발 성　　　설 차 송 언
時發聲하사 **說此頌言**하사대

　그때에 일체처의 문수사리보살이 각각 부처님 계신 곳에서 동시에 소리를 내어 이 게송을 말하였습니다.

　(1) 부처님 덕의 충만

불 료 법 여 환　　　　통 달 무 장 애
佛了法如幻하사　　　**通達無障礙**하고

심 정 이 중 착　　　　조 복 제 군 생
心淨離衆着하사　　　**調伏諸群生**이로다

부처님은 법이 환술과 같음을 아시고

통달하여 장애가 없으며

마음은 청정하여 온갖 집착 떠나사

모든 중생을 조복하시네.

　일체처의 문수사리보살이 각각 부처님 계신 곳에서 동시에 소리를 내어 이 게송을 설하신다. 그러므로 문수보살이 설하시는 이 게송은 비단 한 곳, 한 회상의 대중들만 듣는 것이 아니라 시방세계의 모든 대중이 다 듣는다. 일체 존재의 광대성廣大性과 진여불성의 광대성과 생명의 광대성을 여실히 보여 준다. 법이 환술과 같음을 알면 모든 장애를 떠난다. 마음은 청정하기 때문에 청정성을 작용하여 온갖 집착에서 떠나 버린다. 이것이 자심自心 중생을 조복하는 길이다.

(2) 팔상八相

혹 유 견 초 생
或有見初生에

묘 색 여 금 산
妙色如金山하사

주 시 최 후 신
住是最後身하야

영 작 인 중 월
永作人中月이로다

혹은 보니 처음 태어날 때
미묘한 빛이 금산金山과 같으사
최후신最後身에 머물러서
길이 사람 가운데 달을 지으셨도다.

세존께서 처음 태어나실 때 그 아름다운 모습이 마치 금산과 같았다. 평범한 사람의 몸은 마지막이었다[最後身]. 그

래서 영원히 사람들 가운데 원만한 달과 같이 중생들을 비춘
다.

혹 견 경 행 시   구 무 량 공 덕
或見經行時에   **具無量功德**하시며

염 혜 개 선 교   장 부 사 자 보
念慧皆善巧하사   **丈夫獅子步**로다

혹은 보니 경행經行할 때에
한량없는 공덕을 갖추시며
생각과 지혜가 매우 공교하사
대장부의 사자걸음 걷도다.

여기에서 경행이란 처음 태어나시어 사방으로 일곱 보를
걸으시면서 원만한 덕을 본래로 갖추고 있음을 나타낸 것이
다. 즉 모든 사람이 무량공덕성無量功德性을 본래로 갖추고 있
음을 본보기로 보인 것이다.

| 혹 견 감 청 목 | 관 찰 어 시 방 |
| **或見紺靑目**으로 | **觀察於十方**하고 |

| 유 시 현 희 소 | 위 순 중 생 욕 |
| **有時現戲笑**하사 | **爲順衆生欲**이로다 |

혹은 보니 검푸른 눈으로

시방을 관찰하고

어떤 때는 웃음을 나타내어

중생들의 욕망을 수순하도다.

태어나시어 일곱 보를 걸으시고 검푸른 눈으로 시방을
관찰하시면서 웃음을 보인 것이다. 이 웃음으로 부모와 친
척들과 모든 백성들이 얼마나 기뻐했을까.

| 혹 견 사 자 후 | 수 승 무 비 신 |
| **或見獅子吼**와 | **殊勝無比身**으로 |

| 시 현 최 후 생 | 소 설 무 비 실 |
| **示現最後生**하사 | **所說無非實**이로다 |

혹은 보니 사자후와

수승하여 비할 데 없는 몸으로

최후생最後生을 나타내 보이사

하시는 말씀 모두 다 진실하도다.

　수승하여 비할 데 없는 몸으로 최후생最後生을 나타내 보이면서 사자후를 하신 것은 "천상천하에 오직 나 홀로 가장 높으니 삼계 중생들이 모두 고통에 빠져 있구나. 내가 마땅히 그들을 제도하여 편안케 하리라[天上天下 唯我獨尊 三界皆苦 我當安之]."라고 말씀하신 것을 가리킨다.

혹 유 견 출 가
或有見出家하사

해 탈 일 체 박
解脱一切縛하고

수 치 제 불 행
修治諸佛行하사

상 락 관 적 멸
常樂觀寂滅이로다

혹은 보니 출가하사

일체 속박에서 해탈하고

모든 부처님의 행行을 닦으사

항상 즐거이 적멸寂滅을 관觀하도다.

출가란 무엇인가. 일체 속박으로부터의 해탈이다. 즐거운 마음으로 적멸 속에 머무는 일이 진정한 출가이리라.

혹 견 좌 도 량　　　　　　각 지 일 체 법
或見坐道場하사　　　　**覺知一切法**하고

도 공 덕 피 안　　　　　　치 암 번 뇌 진
到功德彼岸하사　　　　**癡暗煩惱盡**이로다

혹은 보니 도량에 앉으사
일체 법을 깨달아 알고
공덕의 저 언덕에 이르러
어리석고 어두운 번뇌를 다하였네.

도량에 앉았다는 것은 마군을 항복받았다는 일이며 깨달음을 이루었다는 일이다. 일체 장애가 다하고 덕이 원만해진 것이다.

혹 견 승 장 부　　　　　　구 족 대 비 심
或見勝丈夫가　　　　**具足大悲心**하사

전 어 묘 법 륜
轉於妙法輪하야

도 무 량 중 생
度無量衆生이로다

혹은 보니 훌륭한 장부가

큰 자비의 마음을 구족하사

미묘한 법륜을 굴려서

한량없는 중생을 제도하도다.

부처님이 출가하시어 고행하시고 마군을 항복받고 정각을 이루신 것은 진리의 가르침을 설하여 한량없는 중생을 제도하기 위해서다. 그것은 대자비심으로 이뤄지는 것이다. 자비심도 모든 사람이 본래로 자성생명 속에 갖추고 있는 것이다.

혹 견 사 자 후
或見獅子吼가

위 광 최 수 특
威光最殊特하사

초 일 체 세 간
超一切世間하야

신 통 력 무 등
神通力無等이로다

혹은 보니 사자후獅子吼하심이

위엄과 광명이 가장 수승하사

일체 세간에서 뛰어나서

신통력이 같을 이 없도다.

부처님이 사자후를 하실 때 위엄과 광명이 뛰어나서 조복받기 어려운 사람까지 조복받는다.

혹 견 심 적 정
或見心寂靜이

여 세 등 영 멸
如世燈永滅호대

종 종 현 신 통
種種現神通하시니

십 력 능 여 시
十力能如是로다

혹은 보니 마음이 고요한 것이

마치 세간의 등불이 아주 소멸한 것과 같되

가지가지로 신통을 나타내시니

열 가지 힘이 능히 이와 같도다.

부처님이 열반에 들되 신통묘용에 방해되지 않음을 보인 것이다. 열 가지 힘으로 표현되는 부처님의 능력은 이와 같다.

4. 정각의 체성體性

1) 광명변조光明徧照

이시　광명　과백세계　변조동방천세계
爾時에 光明이 過百世界하야 徧照東方千世界

남서북방　사유상하　역부여시　피일
하고 南西北方과 四維上下도 亦復如是하시니 彼一

일세계중　개유백억염부제　내지백억색구
一世界中에 皆有百億閻浮提와 乃至百億色究

경천　기중소유　실개명현
竟天이라 其中所有가 悉皆明現하나라

그때에 광명이 백 세계를 지나서 동방의 천 세계를
두루 비추고 남서 북방과 네 간방과 상방, 하방도 또한
다시 이와 같이 하였습니다. 그 낱낱의 세계 가운데 모
두 백억 염부제와 내지 백억 색구경천이 있는데 그 가

운데 있는 것이 다 모두 분명하게 나타났습니다.

이 품의 이름이 광명각품이므로 광명으로 깨달음의 경계를 나타내고 있다. 처음에는 세존이 발바닥으로 백억 광명을 놓아 이곳 삼천대천세계를 비추었다. 다음에는 이 세계를 지나서 열 불국토를 비추었다. 다음에는 열 세계를 지나서 1백 세계를 비추었다. 또 이번에는 1백 세계를 지나서 1천 세계를 비추었다. 이와 같이 열 번에 이르면서 광명의 범위가 10배로 증광增廣하였다. 깨달음의 지혜는 무한으로 확장된다는 뜻이다. 한계가 없다는 뜻이다. 진여불성의 생명체도 이와 같이 무한광대하다. 수천억 광년 저 끝에서 다시 수천억 광년 저 멀리까지, 거기에서 또 수천억 광년 저 멀리까지 끝없이 확장될 수 있는 것이 자성생명의 원리며 법성생명의 원리다.

2) 세존이 자리에 앉다

피일일염부제중　　실견여래　　좌연화장사
彼一一閻浮提中에 悉見如來가 坐蓮華藏獅

자지좌　　　십불찰미진수보살　소공위요　실
子之座어시든 十佛刹微塵數菩薩의 所共圍遶라 悉

이불신력고　　시방각유일대보살　일일각여
以佛神力故로 十方各有一大菩薩이 一一各與

십불찰미진수제보살　구　　내예불소　　기
十佛刹微塵數諸菩薩로 俱하야 來詣佛所하시니 其

대보살　위문수사리등　　소종래국　위금색
大菩薩은 謂文殊師利等이며 所從來國은 謂金色

세계등　　본소사불　위부동지여래등
世界等이며 本所事佛은 謂不動智如來等이니라

그 낱낱의 염부제 가운데 다 보니 여래가 연화장 사
자좌에 앉으셨는데 열 불찰 미진수의 보살들이 함께 둘
러싸고 있었으며 다 부처님의 위신력으로 시방에 각각
한 큰 보살이 있고, 그 보살들이 낱낱이 각각 열 불찰
미진수의 모든 보살들과 함께 부처님 계신 곳에 나아가
니, 그 큰 보살은 문수사리 등이며 좇아온 바의 국토는

금색세계 등이며 본래 섬기던 부처님은 부동지여래 등
이었습니다.

3) 일체처 문수보살의 게송

이 시　　일 체 처 문 수 사 리 보 살　　각 어 불 소　　동
爾時에 一切處文殊師利菩薩이 各於佛所에 同

시 발 성　　　설 차 송 언
時發聲하사 說此頌言하사대

이때에 일체처 문수사리보살이 각각 부처님 계신 곳
에서 동시에 소리를 내어 이 게송을 말하였습니다.

(1) 자비와 지혜

불 어 심 심 법　　　　　통 달 무 여 등
佛於甚深法에　　　　　通達無與等이라

중 생 불 능 료　　　　　차 제 위 개 시
衆生不能了일새　　　　次第爲開示로다

부처님이 심히 깊은 법에

통달하여 같을 이 없는데
중생들이 알 수 없어서
차례대로 열어 보이도다.

부처님이 깨달으신 법은 참으로 무상심심미묘법이다. 그
누구도 이와 같은 법을 깨달은 사람은 일찍이 없었다. 중생
들이 그 깊고 높은 법을 알 수 없어서 부처님은 방편을 써서
차례대로 근기에 맞춰서 설법하였다.

(2) 삼덕원만三德圓滿

아 성 미 증 유
我性未曾有며

아 소 역 공 적
我所亦空寂이어니

운 하 제 여 래
云何諸如來가

이 득 유 기 신
而得有其身이리오

아我의 본성本性 있지 않으며
아의 소유도 또한 공적한데
어찌하여 모든 여래께서는
그 몸이 있으리오.

삼덕원만三德圓滿 중에서 첫째 여래는 깨달음이 아我와 아소我所가 영원히 끊어진 덕을 찬탄하였다. 불교의 기본은 무아無我다. 만약 무아라면 내가 없는데 나의 것[我所]이 어디에 있겠는가.

해 탈 명 행 자	무 수 무 등 륜
解脫明行者가	無數無等倫하시니
세 간 제 인 량	구 과 불 가 득
世間諸因量으로	求過不可得이로다

해탈과 밝은 행行이
수도 없고 짝도 없으시니
세간의 모든 인과량因果量으로
허물을 구하여도 구할 수 없네.

다음은 해탈 덕과 반야의 덕을 찬탄하였다. 밝은 행行이란 반야 덕을 가리킨다.

불 비 세 간 온
佛非世間蘊과

계 처 생 사 법
界處生死法이라

수 법 불 능 성
數法不能成일새

고 호 인 사 자
故號人獅子로다

부처님은 세간의 온蘊과

계界와 처處와 생사의 법이 아니라

숫자의 법으로 이룰 수 없을새

그러므로 사람 가운데 사자라 하네.

다음은 부처님이 5온蘊 12처處 18계界인 3과科를 초월한 덕을 찬탄하였다. 일반 불교에서는 이 3과 법문을 매우 중요시하지만 화엄경의 부처님은 3과 법문을 초월한 경지를 설하신다.

기 성 본 공 적
其性本空寂하고

내 외 구 해 탈
內外俱解脫하사

이 일 체 망 념
離一切妄念하시니

무 등 법 여 시
無等法如是로다

그 체성體性은 본래 공적空寂하고
안과 밖이 함께 해탈하사
모든 망념妄念을 다 떠나시니
짝 없는 법이 이와 같도다.

본질의 세계인 체성도 본래 공적하고 현상도 역시 공적하다. 공적한 것이 곧 성색聲色으로 꽉 찬 것이고, 꽉 찬 것이 곧 공적한 것이다. 그러므로 일체 성색의 본질은 공적한 것이어서 색성향미촉법色聲香味觸法이 모두 공적하다. 이것을 아는 것이 해탈이다. 따라서 모든 망념을 다 떠나게 된다. 이러한 이치가 세상에서 가장 위대하고 수승한 최고의 법이다.

(3) 본체에 의한 자비의 작용

체 성 상 부 동
體性常不動하야

무 아 무 래 거
無我無來去하사대

이 능 오 세 간
而能悟世間하야

무 변 실 조 복
無邊悉調伏이로다

체성은 항상 움직이지 아니하여

아我도 없고 거래去來도 없어
능히 세간을 깨우쳐서
끝없는 중생을 다 조복하도다.

　움직이지 않으면서 널리 응하는 덕을 밝혔다. 깨달은 사람은 자신의 본질의 공적성과 부동성에 입각하여 무아성과 무거래성을 경계와 대상에 잘 활용한다. 그것으로 세간을 깨우치고 끝없는 중생들을 다 조복한다. 그 방법으로 그 목적을 달성한다. 즉 무위법無爲法으로 무위법을 깨우친다. 이것이 진정한 자비다.

상 락 관 적 멸
常樂觀寂滅이

일 상 무 유 이
一相無有二하사

기 심 부 증 감
其心不增減하사대

현 무 량 신 력
現無量神力이로다

항상 적멸을 즐겁게 관찰하되
한 가지 모양이요 둘이 없으사
그 마음 더하거나 덜하지 않고

한량없는 위신력을 나타내도다.

움직임과 공적함이 둘이 아닌 덕을 밝혔다. 일체 삼라만
상은 본래가 적멸하고 공적하다. 즉 "제법은 본래부터 항상
저절로 적멸한 모습이다. 사람들이 이와 같은 이치를 실천한
다면 다음 순간부터는 곧 부처로 살리라."[3]라는 법화경의
말씀 그대로다. 그곳에 무슨 두 가지 모양이 있을 것인가.
그곳에 무슨 마음이 증하고 감하는 것이 있겠는가.

부 작 제 중 생
不作諸衆生의

업 보 인 연 행
業報因緣行하고

이 능 료 무 애
而能了無礙하시니

선 서 법 여 시
善逝法如是로다

모든 중생들의

업보業報와 인연행因緣行을 짓지 않고

능히 걸림이 없음을 아시니

---

3) 諸法從本來 常自寂滅相 佛子行道已 來世得作佛.

선서善逝의 법이 이와 같도다.

본체가 공적함을 아는 부처님은 중생들과 노닐면서 중생들을 제도하되 중생들의 경계에 물들지 않는다. 그래서 걸림이 없다. 본체가 공적함을 모르는 중생들은 처처에 집착하고 대상마다 물든다. 세상에 살더라도 구름에 달 가듯이 가는 나그네가 되어야 한다. 스치고 지나가면 다 잊어버리는 관광객이 되어야 한다.

種種諸衆生이 流轉於十方이어든

如來不分別하사 度脫無邊類로다

가지가지 모든 중생들이
시방세계에 흘러 다니는데
여래가 분별하지 않으시고
그지없는 무리들을 제도하도다.

중생들을 제도하는 마음이 평등함을 밝혔다. 외형상의 그 어떤 중생들이 차별하더라도 차별하거나 분별하지 아니하고 온갖 무리를 다 제도한다.

제 불 진 금 색
諸佛眞金色이

비 유 변 제 유
非有徧諸有하사

수 중 생 심 락
隨衆生心樂하야

위 설 적 멸 법
爲說寂滅法이로다

모든 부처님의 진금眞金 빛이

있는 것 아니나 모든 세간에 두루 하사

중생들의 마음에 즐겨함을 따라서

적멸한 법을 설하신다.

부처님을 비유하자면 진금과 같다. 진금을 가지고 온갖 형상을 다 만들어도 그 진금에는 변함이 없다. 생멸이 없으면서 생멸을 마음껏 나타내 보이는 것이다. 천백억 화신이며 천변만화다. 본체가 공적하기 때문이다. 어디 부처님뿐이랴. 사람 사람이 모두 다 이와 같다.

5. 정각의 인행因行

1) 광명변조光明編照

爾時에 光明이 過千世界하야 徧照東方十千世
界하고 南西北方과 四維上下도 亦復如是하시니 彼
一一世界中에 皆有百億閻浮提와 乃至百億色究
竟天이라 其中所有가 悉皆明現하니라

　그때에 광명이 1천 세계를 지나서 동방의 십천 세계
를 두루 비추고, 남서 북방과 네 간방間方과 상방上方 하
방下方도 또한 다시 이와 같이 하였습니다. 그 낱낱의 세
계 가운데 모두 백억 염부제와 내지 백억 색구경천이

있는데 그 가운데 있는 것이 다 모두 분명하게 나타났습니다.

광명이 다시 또 증광增廣하였다. 1천 세계를 지나고 십천 세계를 두루 비춘다. 깨달음의 광명에 어디까지라는 제한이 있을 수 없다. 필요에 따라 무한히 더하고 무한히 넓어진다.

2) 세존이 자리에 앉다

피 일 일 염 부 제 중   실 견 여 래   좌 연 화 장 사
彼一一閻浮提中에 悉見如來가 坐蓮華藏獅

자 지 좌   십 불 찰 미 진 수 보 살   소 공 위 요   실
子之座어시든 十佛刹微塵數菩薩의 所共圍遶라 悉

이 불 신 력 고   시 방 각 유 일 대 보 살   일 일 각 여
以佛神力故로 十方各有一大菩薩이 一一各與

십 불 찰 미 진 수 제 보 살   구   내 예 불 소   기
十佛刹微塵數諸菩薩로 俱하야 來詣佛所하시니 其

대 보 살   위 문 수 사 리 등   소 종 래 국   위 금 색
大菩薩은 謂文殊師利等이며 所從來國은 謂金色

세 계 등   본 소 사 불   위 부 동 지 여 래 등
世界等이며 **本所事佛**은 **謂不動智如來等**이니라

　그 낱낱의 염부제 가운데 다 보니 여래가 연화장 사
자좌에 앉으셨는데 열 불찰 미진수의 보살들이 함께 둘
러싸고 있었습니다. 모두 다 부처님의 위신력으로 시방
에 각각 한 큰 보살이 있어 그 보살들이 낱낱이 각각 열
불찰 미진수의 모든 보살들과 함께 부처님 계신 곳에
나아갔습니다. 그 큰 보살은 문수사리 등이며 좇아온 바
의 국토는 금색세계 등이며 본래 섬기던 부처님은 부동
지不動智여래 등이었습니다.

　다시 한 번 상기하건대 문수보살이 게송을 설하신 내용
밖의 것은 어떤 내용도 규칙상 모두 경가經家의 서술이다. 모
든 경전은 아난존자가 서술하여 결집한 것으로 되어 있다.
그렇다면 이 또한 아난존자가 모든 정황을 빠짐없이 살펴서
보고 들은 대로 송출誦出한 것으로 간주한다. 이것이 경전 편
찬[결집]의 약속이다.

3) 일체처 문수보살의 게송

이 시　일 체 처 문 수 사 리 보 살　각 어 불 소　동
爾時에 **一切處文殊師利菩薩**이 **各於佛所**에 **同**

시 발 성　　설 차 송 언
時發聲하사 **說此頌言**하사대

이때에 일체처 문수사리보살이 각각 부처님 계신 곳
에서 동시에 소리를 내어 이 게송을 말하였습니다.

(1) 깨달음의 원인

발 기 대 비 심　　　　구 호 제 중 생
發起大悲心하사　　　**救護諸衆生**하야

영 출 인 천 중　　　　여 시 업 응 작
永出人天衆하시니　　**如是業應作**이어다

큰 자비심을 일으키사

모든 중생을 구호하여

영원히 인간과 천상의 무리에서 벗어나게 할지니

이와 같은 업을 응당 지을지어다.

깨달음을 이루려면 먼저 큰 자비심을 일으켜야 한다. 그리고 중생들을 구호해야 한다. 그래서 인간과 천상의 무리에서 멀리 벗어나게 하는 이와 같은 보살업菩薩業을 열심히 지어야 한다. 이것이 정각을 이루는 원인이 된다.

(2) 지혜의 업을 닦다

의 상 신 락 불
意常信樂佛하사

기 심 불 퇴 전
其心不退轉하야

친 근 제 여 래
親近諸如來하시니

여 시 업 응 작
如是業應作이어다

마음에 항상 부처님을 믿어

그 마음 물러나지 아니하고

모든 여래를 친근할지니

이와 같은 업을 응당 지을지어다.

지 락 불 공 덕
志樂佛功德하사

기 심 영 불 퇴
其心永不退하야

주 어 청 량 혜　　　　　여 시 업 응 작
住於淸凉慧하시니　　**如是業應作**이어다

마음에 부처님의 공덕을 좋아하고

그 마음 길이 물러나지 아니하여

청량한 지혜에 머무를지니

이와 같은 업을 응당 지을지어다.

일 체 위 의 중　　　　　상 념 불 공 덕
一切威儀中에　　　　**常念佛功德**하사

주 야 무 잠 단　　　　　여 시 업 응 작
晝夜無暫斷하시니　　**如是業應作**이어다

일체 위의威儀 가운데

항상 부처님의 공덕을 생각하사

주야晝夜에 잠깐도 끊어짐이 없게 할지니

이와 같은 업을 응당 지을지어다.

관 무 변 삼 세　　　　　학 피 불 공 덕
觀無邊三世하고　　　**學彼佛功德**하사대

상 무 염 권 심
常無厭倦心하시니

여 시 업 응 작
如是業應作이어다

끝없는 삼세三世를 관하고
저 부처님의 공덕을 배워
항상 싫거나 게으른 마음이 없게 할지니
이와 같은 업을 응당 지을지어다.

지혜가 있는 사람은 진리를 깨달으신 부처님을 믿는다.
결코 물러서지 않고 늘 친견하려고 노력한다. 그리고 부처
님의 참다운 공덕을 잘 알아서 마음이 물러서지 않아야 한
다는 맑은 지혜를 갖는다. 행주좌와 어묵동정 일체 위의 중
에서 부처님의 공덕을 생각하여 잠깐도 잊지 않는다. 어느
한 부처님의 공덕만을 생각하는 것이 아니라 과거 현재 미
래의 모든 부처님의 공덕까지 배우기를 게을리하지 않는다.
이와 같은 업을 반드시 짓는다. 이것이 지혜로운 사람의 삶
이다.

(3) 몸의 실상實相

관 신 여 실 상
觀身如實相하사

일 체 개 적 멸
一切皆寂滅하야

이 아 무 아 착
離我無我着하시니

여 시 업 응 작
如是業應作이어다

몸의 진실한 모습은

일체가 다 적멸함을 관찰하여

나를 떠나 나에 대한 집착이 없을지니

이와 같은 업을 응당 지을지어다.

사람은 누구나 몸을 중심으로 삶을 영위해 간다. 그러므로 몸의 실상을 잘 관찰해야 한다. 몸의 실상이란 적멸한 것이다. 공인 것이다. 무아인 것이다. 무상인 것이다. 몸의 재료가 공이기 때문이다. 즉 공으로 몸을 만들었기 때문이다. 그러나 사람들은 몸의 재료가 공이라는 사실을 잊어버리고 허수아비에 온갖 치장을 다 한다. 금은보화로 꾸미고 장엄한다. 들녘에 서 있는 허수아비에 온갖 공을 들이고 금은보화로 장엄을 하더라도 사람들은 허수아비는 보지 않고 허수아비에 걸려 있는 금은보화만을 차지하려고 아우성이다.

보통 사람들의 사는 모습이란 이와 같다.

중론中論 법품法品에 "제법의 실상은 생각이나 언어가 끊어졌다. 생함도 없고 멸함도 없어 적멸한 것이 열반과 같다."라고 하였으며 또 "모든 부처님이 혹은 아我를 설하고 혹은 무아無我를 설하지만, 제법의 실상 중에는 아도 없고 아가 아님도 없다."[4]라고 하였다.

(4) 중생 평등

등 관 중 생 심	불 기 제 분 별
等觀衆生心하고	不起諸分別하사

입 어 진 실 경	여 시 업 응 작
入於眞實境하시니	如是業應作이어다

중생의 마음을 평등하게 관찰하고

모든 분별을 일으키지 않아

진실한 경계에 들어가나니

---

4) 中論法品云 '諸法實相者 心行言語斷 無生亦無滅 寂滅如涅槃'即上半也,
   又云 '諸佛或說我 或說於無我 諸法實相中 無我無非我'即下半也.

이와 같은 업을 응당 지을지어다.

참으로 어려운 주문이다. 어떻게 하면 중생들의 마음을 분별하지 아니하고 차별하지 아니하며 평등하게 관찰할 수 있겠는가. 본심으로 대하는 진실한 경계를 유지해야 하는데 중생들의 가장 큰 약점이 차별심이다.

(5) 큰 작용

실 거 무 변 계
悉擧無邊界하고

보 음 일 체 해
普飮一切海가

차 신 통 지 력
此神通智力이시니

여 시 업 응 작
如是業應作이어다

끝없는 세계를 다 들고
모든 바다를 다 마시는 것은
신통과 큰 지혜의 힘이시니
이와 같은 업을 응당 지을지어다.

자신도 공하고 세계도 공한 일체 존재의 본질에 깊이 들어가면 시방세계를 다 들 수 있으며, 일체 바닷물을 다 마실 수 있다. 이것이 신통과 지혜의 힘이다.

사 유 제 국 토
思惟諸國土의

색 여 비 색 상
色與非色相하사

일 체 실 능 지
一切悉能知하시니

여 시 업 응 작
如是業應作이어다

모든 국토의
색色과 색色이 아닌 모습을 사유思惟하사
일체를 다 능히 아시니
이와 같은 업을 응당 지을지어다.

　몸과 몸 밖의 것을 모두 색이라 한다. 그래서 국토와 세계도 그 속에 다 포함된다. 색이 아닌 모습이란 색의 공성空性을 말한다. 즉 색이 곧 공이고 공이 곧 색인 이치를 사유해서 그 일체를 능히 다 알아야 한다. 그러면 존재의 본질과 현상 관계를 꿰뚫어 안다.

시 방 국 토 진
十方國土塵을

일 진 위 일 불
一塵爲一佛하야

실 능 지 기 수
悉能知其數하시니

여 시 업 응 작
如是業應作이어다

시방+方 국토의 먼지를

한 먼지를 한 부처님으로 삼아

그 수數를 다 능히 아시니

이와 같은 업을 응당 지을지어다.

부처님의 법지통法智通을 밝혔다. 시방국토를 작은 먼지
로 만들어 그 먼지 수대로 부처님으로 삼아 그 숫자를 다 아
는 지혜 신통이다.

6. 세존의 위덕威德

1) 광명변조光明徧照

爾時에 光明이 過十千世界하야 徧照東方百千

世界하고 南西北方과 四維上下도 亦復如是하시니

彼一一世界中에 皆有百億閻浮提와 乃至百億

色究竟天이라 其中所有가 悉皆明現하니라

그때에 광명이 십천 세계를 지나서 동방의 백천 세계를 두루 비추니 남서 북방과 네 간방間方과 상방上方 하방下方도 또한 다시 이와 같이 하였습니다. 그 낱낱의 세계 가운데 모두 백억 염부제와 내지 백억 색구경천이 있는데 그 가운데 있는 것이 다 모두 분명하게 나타났습니다.

2) 세존이 자리에 앉다

피 일 일 염 부 제 중   실 견 여 래   좌 연 화 장 사
彼一一閻浮提中에 悉見如來가 坐蓮華藏獅

자 지 좌   십 불 찰 미 진 수 보 살   소 공 위 요   실
子之座어시든 十佛刹微塵數菩薩의 所共圍遶라 悉

이 불 신 력 고   시 방 각 유 일 대 보 살   일 일 각 여
以佛神力故로 十方各有一大菩薩이 一一各與

십 불 찰 미 진 수 제 보 살   구   내 예 불 소   기
十佛刹微塵數諸菩薩로 俱하야 來詣佛所하시니 其

대 보 살   위 문 수 사 리 등   소 종 래 국   위 금 색
大菩薩은 謂文殊師利等이며 所從來國은 謂金色

세 계 등   본 소 사 불   위 부 동 지 여 래 등
世界等이며 本所事佛은 謂不動智如來等이니라

그 낱낱의 염부제 가운데 다 보니 여래께서 연화장
사자좌에 앉으셨는데 열 불찰 미진수의 보살들이 함께

둘러싸고 있었으며 다 부처님의 위신력으로 시방에 각각 한 큰 보살이 있고, 그 보살들이 낱낱이 각각 열 불찰 미진수의 모든 보살들과 함께 부처님 계신 곳에 나아가니, 그 큰 보살은 문수사리 등이며 좇아온 바의 국토는 금색세계 등이며 본래 섬기던 부처님은 부동지여래 등이었습니다.

3) 일체처 문수보살의 게송

이 시   일 체 처 문 수 사 리 보 살   각 어 불 소   동
爾時에 一切處文殊師利菩薩이 各於佛所에 同

시 발 성   설 차 송 언
時發聲하사 說此頌言하사대

  그때에 일체처 문수사리보살이 각각 부처님 계신 곳에서 동시에 소리를 내어 이 게송을 말하였습니다.

(1) 법신法身

약 이 위 덕 색 종 족　　　　　이 견 인 중 조 어 사
若以威德色種族으로　　　**而見人中調御師**인댄

시 위 병 안 전 도 견　　　　　피 불 능 지 최 승 법
是爲病眼顚倒見이라　　　**彼不能知最勝法**이로다

만약 위덕과 색상과 종족種族으로

사람 가운데 조어사調御師를 보려 한다면

이것은 병든 눈이요 전도된 소견이라

그는 가장 수승한 법을 알지 못하리라.

　　진정한 세존의 본모습인 법신은 무엇인가? 위덕과 색상
과 종족種族이 아니다. 만약 그것으로 부처님을 안다면 병든
눈이라고 하였다. 전도된 견해라고 하였다.

여 래 색 형 제 상 등　　　　　일 체 세 간 막 능 측
如來色形諸相等을　　　**一切世間莫能測**이라

억 나 유 겁 공 사 량　　　　　색 상 위 덕 전 무 변
億那由劫共思量하야도　　**色相威德轉無邊**이로다

여래의 몸의 모습과 모든 상호들을

모든 세간은 측량할 수 없음이라.

억만 나유타 겁을 함께 생각해도

몸과 상호相好와 위덕威德은 더욱 끝이 없도다.

여 래 비 이 상 위 체   단 시 무 상 적 멸 법
如來非以相爲體라   **但是無相寂滅法**이로다

신 상 위 의 실 구 족   세 간 수 락 개 득 견
身相威儀悉具足하시니   **世間隨樂皆得見**이로다

여래는 색상으로 본체를 삼지 않으니

다만 상相 없는 적멸한 법이로다.

신상身相과 위의威儀를 다 구족하시니

세간이 좋아함을 따라 다 보도다.

여래는 세상 사람들이 좋아하는 모습으로 백억 화신을
나타내어 보이지만 그와 같은 모습으로 본체를 삼지는 않
는다. 다만 형상이 없는 적멸한 법에서 무수한 상을 나타내
어 방편으로 교화할 뿐이다.

불 법 미 묘 난 가 량
佛法微妙難可量이라

일 체 언 설 막 능 급
一切言說莫能及이니

비 시 화 합 비 불 합
非是和合非不合일새

체 성 적 멸 무 제 상
體性寂滅無諸相이로다

부처님의 법은 미묘하여 헤아리기 어려워

온갖 말로써는 미칠 수 없어라.

화합도 아니요 화합 아님도 아니니

체성體性이 적멸하여 모든 형상 없도다.

여래를 만약 있다고 하려니 체상이 적멸하고, 없다고 하려니 색상이 끝이 없다. 또 화합과 비화합은 인연을 만나면 화합하고 본체에 머물면 화합이 아니다. 그래서 둘이면서 둘이 아니다. 본질이 곧 현상이고 현상이 곧 본질이다. 색이 곧 공이고 공이 곧 색인 이치다.

불 신 무 생 초 희 론
佛身無生超戲論하사

비 시 온 취 차 별 법
非是蘊聚差別法이라

득 자 재 력 결 정 견
得自在力決定見하시니

소 행 무 외 이 언 도
所行無畏離言道로다

부처님의 몸은 생멸이 없어 희론戲論을 뛰어넘어
오온五蘊의 차별한 법이 아님이라.
자재한 힘을 얻어야 결정코 보리니
행하는 바가 두려움 없어 언어를 떠났도다.

부처님 몸의 진실을 언어로 설명할 수 없다. 체성이 공하
여 생멸이 없기 때문이다. 생멸이 있는 현상은 설명이 가능
하다. 눈에 보이고 귀에 들리는 것이므로.

(2) 지혜신智慧身

신 심 실 평 등
身心悉平等하고

내 외 개 해 탈
內外皆解脫일새

영 겁 주 정 념
永劫住正念하사

무 착 무 소 계
無着無所繫로다

몸과 마음 다 평등하고
안과 밖이 다 해탈이라.
영겁永劫 동안 바른 생각에 안주하여
집착도 없고 매임도 없네.

부처님은 지혜로 몸을 삼는다. 그것이 지혜신이다. 어떤 사람은 탐욕으로 몸을 삼고, 어떤 사람은 사랑하는 가족으로 몸을 삼아 기도하고, 어떤 사람은 명예로 몸을 삼기도 한다. 지혜로 몸을 삼는 이는 몸과 마음이 하나다. 안도 밖도 모두 해탈하여 걸림이 없다. 걸림이 없으므로 바른 생각에 안주할 수 있다. 존재의 실상을 바르게 보는 바른 생각만 하고 산다면 무엇에 매이겠는가.

의 정 광 명 자
意淨光明者의

소 행 무 염 착
所行無染着이라

지 안 미 부 주
智眼靡不周하사

광 대 이 중 생
廣大利衆生이로다

뜻이 깨끗하여 빛나고 밝은 이는

행하는 것이 염착染着이 없으며

지혜의 눈이 두루 하사

넓고 크게 중생을 이롭게 하네.

지혜로 몸을 삼는 사람은 그 뜻이 광명으로 눈부시다.

어떤 행동을 하건 물들고 집착함이 있을 수 없다. 그와 같이 빛나는 지혜로 중생을 크게 이롭게 한다.

일 신 위 무 량
一身爲無量이요

무 량 부 위 일
無量復爲一이라

요 지 제 세 간
了知諸世間하사

현 형 변 일 체
現形徧一切로다

한 몸이 한량없는 몸이 되고
한량없는 몸이 다시 한 몸이 되며
모든 세간을 밝게 알아
형상을 모든 것에 두루 나타내도다.

절대평등인 공한 본체는 하나다. 본래 없는 그 하나가 천백억 화신으로 나타내 보이며, 천백억 화신이 나타나도 그 근본인 본체는 평등하고 공한 하나다. 아침에 잠에서 깨어 하루 종일 온갖 행위를 하면서 천변만화로 삶을 영위하지만 결국은 한 사람이 상황과 입장을 따라 달리 나타내는 것과 같다. 하나인 것과 한량이 없는 것은 텅 빈 방에 1천 개의 등

불을 밝혔으나 서로 방해되지 않는 것과 같다.

차 신 무 소 종
此身無所從이며

역 무 소 적 취
亦無所積聚어늘

중 생 분 별 고
衆生分別故로

견 불 종 종 신
見佛種種身이로다

이 몸은 온 곳도 없으며
또한 쌓이고 모인 바도 아니다.
중생들이 분별하는 까닭에
부처님의 갖가지 몸을 보도다.

부처님의 몸이나 보통 사람들의 몸이나 본래 온 곳이 없
다. 또한 쌓이고 모여 있는 것 같으나 실은 쌓이고 모인 것
도 아니다. 미혹한 중생은 그 실상을 보지 못하고 텅 빈 실
체를 알지 못하여 가지가지로 분별하여 본다.

심 분 별 세 간
心分別世間호대

시 심 무 소 유
是心無所有라

여 래 지 차 법
如來知此法이시니

여 시 견 불 신
如是見佛身이니라

마음으로 세간을 분별하나

이 마음은 있는 바가 아니라

여래가 이 법을 아시니

이와 같이 부처님의 몸을 볼지니라.

참으로 신기하기 이를 데 없는 이치다. 하루 종일 세상을
분별하며 천변만화로 나타내지만 그 주인공은 있는 바가 아
니다. 있는 바가 아니라고 해서 그것을 제외하면 또한 아무
것도 분별할 수가 없다. 그래서 있지만 있는 것이 아니며, 없
지만 없는 것이 아니다. 이와 같은 이치를 잘 알고 활용하면
그는 곧 여래이리라.

7. 안팎을 포섭하는 덕德

1) 광명변조光明遍照

이시 광명 과백천세계 변조동방백만
爾時에 **光明**이 **過百千世界**하야 **遍照東方百萬**

세계 남서북방 사유상하 역부여시
世界하고 **南西北方**과 **四維上下**도 **亦復如是**하시니

피일일세계중 개유백억염부제 내지백억
彼一一世界中에 **皆有百億閻浮提**와 **乃至百億**

색구경천 기중소유 실개명현
色究竟天이라 **其中所有**가 **悉皆明現**하나라

그때에 광명이 백천 세계를 지나서 동방의 백만 세
계를 두루 비추니 남서 북방과 네 간방間方과 상방上方 하
방下方도 또한 다시 이와 같이 하였습니다. 그 낱낱의 세
계 가운데 모두 백억 염부제와 내지 백억 색구경천이

있는데 그 가운데 있는 것이 다 모두 분명하게 나타났습니다.

2) 세존이 자리에 앉다

피 일 일 염 부 제 중   실 견 여 래   좌 연 화 장 사
彼一一閻浮提中에 悉見如來가 坐蓮華藏獅

자 지 좌   십 불 찰 미 진 수 보 살   소 공 위 요   실
子之座어시든 十佛刹微塵數菩薩의 所共圍遶라 悉

이 불 신 력 고   시 방 각 유 일 대 보 살   일 일 각 여
以佛神力故로 十方各有一大菩薩이 一一各與

십 불 찰 미 진 수 제 보 살   구   내 예 불 소   기
十佛刹微塵數諸菩薩로 俱하야 來詣佛所하시니 其

대 보 살   위 문 수 사 리 등   소 종 래 국   위 금 색
大菩薩은 謂文殊師利等이며 所從來國은 謂金色

세 계 등   본 소 사 불   위 부 동 지 여 래 등
世界等이며 本所事佛은 謂不動智如來等이니라

그 낱낱의 염부제 가운데 다 보니 여래께서 연화장
사자좌에 앉으셨는데 열 불찰 미진수의 보살들이 함께

둘러싸고 있었으며, 다 부처님의 위신력으로 시방에 각각 한 큰 보살이 있고 그 보살들이 낱낱이 각각 열 불찰 미진수의 모든 보살들과 함께 부처님 계신 곳에 나아갔습니다. 그 큰 보살은 문수사리 등이며 좇아온 바의 국토는 금색세계 등이며 본래 섬기던 부처님은 부동지여래 등이었습니다.

3) 일체처 문수보살의 게송

이 시   일 체 처 문 수 사 리 보 살   각 어 불 소   동
爾時에 一切處文殊師利菩薩이 各於佛所에 同

시 발 성   설 차 송 언
時發聲하사 說此頌言하사대

그때에 일체처 문수사리보살이 각각 부처님 계신 곳에서 동시에 소리를 내어 이 게송을 말하였습니다.

(1) 불법佛法의 불가사의

여 래 최 자 재
如來最自在하사

초 세 무 소 의
超世無所依하시며

구 일 체 공 덕
具一切功德하사

도 탈 어 제 유
度脫於諸有로다

여래께서 가장 자재自在하사

세상을 뛰어넘어 의지함이 없으시며

일체 공덕을 다 갖추어

모든 세간을 제도하시네.

부처님의 안팎을 다 포섭하는 덕을 밝혔다. 부처님은 또한 공덕으로 법성法性을 삼는다는 뜻을 밝혔다. 안팎을 다 포섭한다는 것은 공덕으로 법성을 삼기 때문이다.

사람이 삶을 영위하는 데 가장 중요한 것이 자유가 아닐까 한다. 여래는 대자유를 얻어서 자유자재라고 표현한다. 자유는 방종이 아니다. 일체 공덕을 다 갖추어 세간을 제도하는 데 아무런 부족함이 없는 것을 자유자재라 한다.

무 염 무 소 착
無染無所着하시며

무 상 무 의 지
無想無依止하사

체 성 불 가 량
體性不可量이나

견 자 함 칭 탄
見者咸稱歎이로다

때도 없고 집착도 없으시며

생각도 없고 의지함도 없으사

체성이 한량없으나

보는 이가 다 찬탄하도다.

부처님은 청정무구하다. 사람도 본래로 청정무구하다. 또한 본래로 무념무상하다. 의지함도 없어 대자유를 누린다. 체성에 만행만덕萬行萬德을 지녔으므로 보는 사람들이 모두 찬탄해 마지않는다. 이것이 진여자성이 본래로 갖춘 청정무구성이며 자유자재성이며 만행만덕성이다.

광 명 변 청 정
光明徧淸淨하시며

진 루 실 견 척
塵累悉蠲滌하사

부 동 이 이 변
不動離二邊하시니

차 시 여 래 지
此是如來智로다

광명이 두루 청정하시며

번뇌를 다 씻어 제거하사

움직이지 않은 채 이변二邊을 떠나시니

이것이 여래의 지혜로다.

여래의 지혜란 지혜광명이 청정하여 번뇌의 어둠이 다 소
멸되어 저절로 있음과 없음, 너와 나, 남과 여, 동과 서, 남
과 북 등등의 상대적 두 치우친 견해를 멀리 떠남을 말한다.
진여가 갖춘 불이성不二性의 자연적인 현현이다.

약 유 견 여 래　　　　　　신 심 이 분 별
若有見如來가　　　　　　身心離分別이면

즉 어 일 체 법　　　　　　영 출 제 의 체
則於一切法에　　　　　　永出諸疑滯로다

만약 어떤 이가 여래께서

몸과 마음에 분별 떠난 것을 보면

곧 일체 법에서

모든 의심을 영원히 벗어나리라.

여래는 몸과 마음에 분별이 없다. 공에도 색에도 분별이 없다. 너와 나에도 분별이 없다. 여래의 이와 같은 경계를 안다면 저절로 의혹을 영원히 떠날 것이다.

일 체 세 간 중
一切世間中에

처 처 전 법 륜
處處轉法輪하사대

무 성 무 소 전
無性無所轉이시니

도 사 방 편 설
導師方便說이로다

일체 세간 가운데
곳곳에서 법륜法輪을 굴리시나
성품도 없고 굴리는 바도 없으시니
도사導師의 방편의 말씀이로다.

부처님은 일체 세간을 위해 무수한 법륜을 굴리시지만 모두가 방편인지라 자성도 없고 굴린 바도 없다.

(2) 방편에 들어가다

어 법 무 의 혹
於法無疑惑하고

영 절 제 회 론
永絶諸戲論하야

불 생 분 별 심
不生分別心이면

시 염 불 보 리
是念佛菩提니라

법에 의혹이 없고

모든 회론戲論을 길이 끊어서

분별하는 마음을 내지 않으면

이것이 부처님의 보리를 생각함이라.

불교는 부처님의 깨달음으로부터 출발하였다. 그래서
불교인은 자나깨나, 앉으나 서나, 가나오나 깨달음을 말하
고, 깨달음을 생각하고, 깨달음을 행동한다. 무엇이 부처님
의 깨달음을 생각하는 것인가. 일체 존재의 원리에 대해서 의
혹이 없어야 한다. 모든 희론戲論에서 벗어나야 한다. 분별
하는 마음을 내지 않아야 한다.

요 지 차 별 법
了知差別法하고

불 착 어 언 설
不着於言說하야

무 유 일 여 다
無有一與多하면

시 명 수 불 교
是名隨佛教니라

차별한 법을 잘 알고

말에 집착하지 아니해서

하나와 많음이 없으면

이것이 이른바 불교를 따름이라.

다 중 무 일 성
多中無一性이요

일 역 무 유 다
一亦無有多니

여 시 이 구 사
如是二俱捨하면

보 입 불 공 덕
普入佛功德이니라

많은 가운데 한 성품이 없고

하나에도 또한 많음이 없으니

이와 같이 둘을 함께 버리면

부처님의 공덕에 널리 들어가리라.

불교를 따르는 것은 또 무엇인가. 존재의 공성空性인 평등과 현상인 차별이 둘이 아님을 잘 알아 온갖 말에 집착하지 않아야 한다. 차별은 많음이고 공성은 하나다. 이 많음과 하나가 둘이 아닐 때 많음도 없고 하나도 없다. 굳이 "공이다. 현상이다."라고 할 것마저 끊어진다. 일一과 다多가 걸림이 없는 무애다. 이것이 곧 부처님의 공덕에 들어가서 그 공덕을 누리는 것이다.

중 생 급 국 토
衆生及國土가

일 체 개 적 멸
一切皆寂滅이니

무 의 무 분 별
無依無分別하면

능 입 불 보 리
能入佛菩提니라

중생과 국토가

일체가 다 적멸하니

의지함도 없고 분별함도 없으면

능히 부처님의 보리에 들어가리라.

부처님의 깨달음의 경계에 들어가는 것, 이것이 불교 수행이다. 무엇이 깨달음의 경계에 들어가는 것인가. 우리들

눈앞에 있는 중생과 국토가 모두 적멸한 줄 보아야 한다. 아무런 분별이 없어야 한다.

중 생 급 국 토
衆生及國土가

일 이 불 가 득
一異不可得이니

여 시 선 관 찰
如是善觀察하면

명 지 불 법 의
名知佛法義니라

중생과 국토가

하나다 다르다 할 수 없으니

이와 같이 잘 관찰하면

불법佛法의 뜻을 안다고 이름하리라.

불법의 뜻을 안다는 일은 중생과 국토가 하나도 아니고 다른 것도 아닌 평등한 공성에 깨달아 들어가는 것이다. 그래서 중생과 국토에 걸림이 없어야 한다.

8. 방편의 덕德

1) 광명변조光明徧照

이시   광명   과백만세계   변조동방일억
爾時에 光明이 過百萬世界하야 徧照東方一億

세계   남서북방   사유상하   역부여시
世界하고 南西北方과 四維上下도 亦復如是하시니

피일일세계중   개유백억염부제   내지백억
彼一一世界中에 皆有百億閻浮提와 乃至百億

색구경천   기중소유   실개명현
色究竟天이라 其中所有가 悉皆明現하니라

그때에 광명이 백만 세계를 지나서 동방의 일억 세계를 두루 비추니 남서 북방과 네 간방間方과 상방上方과 하방下方도 또한 다시 이와 같이 하였습니다. 그 낱낱의 세계 가운데 모두 백억 염부제와 내지 백억의 색구경천이 있는데 그 가운데 있는 것이 모두 다 분명하게 나타났습니다.

2) 세존이 자리에 앉다

彼一一閻浮提中에 各見如來가 坐蓮華藏獅
(피일일염부제중) (각견여래) (좌연화장사)

子之座어시든 十佛刹微塵數菩薩의 所共圍遶라 悉
(자지좌) (십불찰미진수보살) (소공위요) (실)

以佛神力故로 十方各有一大菩薩이 一一各與
(이불신력고) (시방각유일대보살) (일일각여)

十佛刹微塵數諸菩薩로 俱하야 來詣佛所하시니 其
(십불찰미진수제보살) (구) (내예불소) (기)

大菩薩은 謂文殊師利等이며 所從來國은 謂金色
(대보살) (위문수사리등) (소종래국) (위금색)

世界等이며 本所事佛은 謂不動智如來等이니라
(세계등) (본소사불) (위부동지여래등)

그 낱낱의 염부제 가운데 다 보니 여래께서 연화장 사자좌에 앉으셨는데 열 불찰 미진수의 보살들이 함께

둘러싸고 있었으며, 다 부처님의 위신력으로 시방에 각
각 한 큰 보살이 있고, 그 보살들이 낱낱이 각각 열 불
찰 미진수의 모든 보살들과 함께 부처님 계신 곳에 나
아가니, 그 큰 보살은 문수사리 등이며 좇아온 바의 국
토는 금색세계 등이며 본래 섬기던 부처님은 부동지여
래 등이었습니다.

3) 일체처 문수보살의 게송

이 시　　일 체 처 문 수 사 리 보 살　　각 어 불 소　　동
爾時에 一切處文殊師利菩薩이 各於佛所에 同

시 발 성　　설 차 송 언
時發聲하사 說此頌言하사대

　그때에 일체처 문수사리보살이 각각 부처님 계신 곳
에서 동시에 소리를 내어 이 게송을 말하였습니다.

(1) 종체기용從體起用의 방편

지혜무등법무변
智慧無等法無邊하시며
　
초제유해도피안
超諸有海到彼岸하시며

수량광명실무비
壽量光明悉無比하시니
　
차공덕자방편력
此功德者方便力이로다

지혜는 짝이 없고 법은 끝이 없으며

세상바다 뛰어넘어 저 언덕에 이르고

수명과 광명도 비할 데 없으시니

이것은 공덕 있는 이의 방편의 힘이로다.

진여, 불성, 자성, 법성, 생명의 본능력은 텅 빈 본체에서
온갖 지혜의 활동을 연출해 낸다. 이것을 즉체기용卽體起用의
방편, 종체기용從體起用의 방편이라 한다. 청량스님은 이 게
송에는 또 여섯 가지 뜻을 덧붙였다.[5] 공덕 있는 이[功德者]
란 부처님을 부르는 또 하나의 이름인데 참으로 훌륭한 존
칭이다.

---

5) 初偈卽體起用為方便. 然有六義:一, 智超下位. 二, 證法無邊. 三, 解脫有
海. 四, 具上三義, 到涅槃岸. 五, 壽兼真應. 六, 身光無涯, 皆佛功德.

(2) 적조寂照의 방편

소 유 불 법 개 명 료
所有佛法皆明了하시며

상 관 삼 세 무 염 권
常觀三世無厭倦하시며

수 연 경 계 불 분 별
雖緣境界不分別하시니

차 난 사 자 방 편 력
此難思者方便力이로다

모든 부처님의 법을 다 밝게 알고

항상 삼세를 다 관찰하되 싫어함이 없으며

비록 경계를 반연하나 분별하지 않으시니

이것은 생각하기 어려운 이의 방편의 힘이로다.

생각하기 어려운 이[難思者]란 부처님을 부르는 또 하나의 이름이다. 적조寂照는 고요한 가운데 밝게 비추는 작용이다. 일상적인 우리들의 마음도 고요해야만 제대로 비출 수 있다. 그래서 선정과 지혜는 늘 함께한다. 선정이 완성되면 지혜는 저절로 밝아진다. "부처님의 법을 다 밝게 알고, 항상 삼세를 다 관찰하되 싫어함이 없는" 고요하고도 밝은 관찰이다.

(3) 이사무애理事無礙의 방편

낙 관 중 생 무 생 상
樂觀衆生無生想하시며

보 견 제 취 무 취 상
普見諸趣無趣想하시며

항 주 선 적 불 계 심
恒住禪寂不繫心하시니

차 무 애 혜 방 편 력
此無礙慧方便力이로다

중생을 즐겨 보되 중생이란 생각이 없고

여러 갈래[諸趣]를 널리 보되 갈래란 생각 없으며

항상 선정에 머물되 매이는 마음 없으시니

이것은 걸림 없는 지혜 방편의 힘이로다.

걸림 없는 지혜[無礙慧]도 부처님의 다른 이름이다. 무애
無礙를 이해하려면 존재의 공성을 이해해야 한다. 즉 색즉시
공 공즉시색色卽是空 空卽是色의 이치다. 방 안에 1천 개의 등불
을 밝혀도 서로 걸리지 아니하면서 모두가 하나같이 밝게
비추며 자신의 역할을 다한다.

(4) 닦되 닦음이 없는 방편

선 교 통 달 일 체 법
善巧通達一切法하시며

정 념 근 수 열 반 도
正念勤修涅槃道하사

낙 어 해 탈 이 불 평　　차 적 멸 인 방 편 력
樂於解脫離不平하시니　**此寂滅人方便力**이로다

교묘한 방편으로 일체 법을 통달하며
바른 생각으로 열반의 도를 부지런히 닦으사
해탈을 즐기고 차별을 떠나시니
이것은 적멸한 이의 방편의 힘이로다.

적멸한 이[寂滅人]도 역시 부처님의 다른 이름이다. 적멸한
경지에 머물러 있으면서 수행하는 것은 아무리 닦아도 닦음
이 없다. 또한 닦음이 없으면서 열심히 닦는 이치다. 게송의
내용들이 모두 무수이수無修而修의 설명이다.

(5) 회향의 방편

유 능 권 향 불 보 리　　취 입 법 계 일 체 지
有能勸向佛菩提하며　**趣入法界一切智**하며

선 화 중 생 입 어 제　　차 주 불 심 방 편 력
善化衆生入於諦하시니　**此住佛心方便力**이로다

능히 부처님의 보리에 향하기를 권하며

법계의 일체 지혜에 나아가며

중생을 잘 교화해서 진리에 들게 하시니

이것은 불심佛心에 머문 방편의 힘이로다.

어디에 회향하는가. 진리인 실제實際에 회향하고 깨달음에 회향하고 중생에게 회향한다. 불교는 회향이다. 회향하려고 수행하고 회향하려고 공부하고 회향하려고 돈을 번다. 이것이 불교다.

(6) 증득證得하여 아는 방편

불 소 설 법 개 수 입
佛所說法皆隨入하야

광 대 지 혜 무 소 애
廣大智慧無所礙하시며

일 체 처 행 실 이 진
一切處行悉已臻하시니

차 자 재 수 방 편 력
此自在修方便力이로다

부처님의 설법에 다 따라 들어가서

넓고 큰 지혜에 걸림이 없으며

온갖 곳에 다니는 일 모두 이르시니

이것은 자재하게 닦은 방편의 힘이시다.

강의를 듣고 경전을 읽는 것은 곧 부처님의 설법을 듣는 것이다. 그것은 광대한 지혜를 얻기 위함이다. 법을 듣고 지혜를 얻었다면 어디에 간들 걸림이 있겠는가. 이것이 자유자재한 수행 방편이다.

(7) 고요한 작용의 방편

항 주 열 반 여 허 공
恒住涅槃如虛空하시며

수 심 화 현 미 부 주
隨心化現靡不周하시니

차 의 무 상 이 위 상
此依無相而爲相이라

도 난 도 자 방 편 력
到難到者方便力이로다

항상 열반에 있어도 허공과 같으며
마음대로 화현化現하여 두루 하시니
이것은 무상無相으로 상相을 삼음이라
이르기 어려운 데 이른 이의 방편의 힘이로다.

이르기 어려운 데 이른 이[到難到者]도 여래의 다른 이름이다. "열반에 있어도 허공과 같다는 것"은 적정을 표한 것이며, "마음대로 화현化現하여 두루 함"은 작용을 말함이다.

"무상無相으로 상相을 삼는 것"은 고요한 작용의 걸림 없음이다. 열반을 증득했으나 열반에 머물지 않는 것은 범부와 소승들은 이르기 어렵다.

(8) 시겁時劫의 방편

주 야 일 월 급 년 겁　　　　세 계 시 종 성 괴 상
畫夜日月及年劫과　　　**世界始終成壞相**을

여 시 억 념 실 료 지　　　　차 시 수 지 방 편 력
如是憶念悉了知하시니　**此時數智方便力**이로다

낮과 밤과 해와 달과 겁과
세계의 시작과 마침과 이뤄지고 무너지는 모양을
이러한 것을 생각하여 다 아시니
이것은 시간과 숫자의 지혜인 방편의 힘이로다.

낮과 밤과 해와 달과 겁이 흘러감에 따라 사람은 생로병사하고 계절은 춘하추동하고 지구와 모든 별은 성주괴공成住壞空한다. 이 또한 시간과 숫자를 꿰뚫어 아는 지혜의 방편이다.

(9) 생각하기 어려운 방편

일체 중생 유 생 멸
一切衆生有生滅과

색 여 비 색 상 비 상
色與非色想非想의

소 유 명 자 실 료 지
所有名字悉了知하시니

차 주 난 사 방 편 력
此住難思方便力이로다

일체 중생들의 생멸과

색色과 비색非色과 상想과 비상非想의

모든 이름을 다 아시니

이것은 생각하기 어려운 데 머문 방편의 힘이로다.

금강경에 9류중생이라는 말이 있다. 일체 중생의 종류를
난생卵生, 태생胎生, 습생濕生, 화생化生, 유색有色, 무색無色, 유
상有想, 무상無想, 비유상비무상非有想非無想의 아홉 가지로 분
류함을 말한다. 이 여러 가지 중생들의 생명까지를 다 아는
불가사의한 지혜 방편이다.

(10) 회향廻向 방편

과 거 현 재 미 래 세
過去現在未來世의

소 유 언 설 개 능 료
所有言說皆能了하사대

이 지 삼 세 실 평 등   차 무 비 해 방 편 력
而知三世悉平等하시니   此無比解方便力이로다

과거와 현재와 미래 세상의

모든 말을 다 능히 알되

삼세가 다 평등함을 아시니

이것은 비할 데 없이 아는 이의 방편의 힘이로다.

비할 데 없이 아는 이[無比解]라는 말도 여래의 다른 이름
이다. 삼세의 모든 언설이 다 평등함을 아는 방편의 힘이다.

9. 대비大悲로 중생을 제도하는 덕

1) 광명변조光明徧照

이시 광명 과일억세계 변조동방십억
爾時에 光明이 過一億世界하야 徧照東方十億

세계 남서북방 사유상하 역부여시
世界하고 南西北方과 四維上下도 亦復如是하시니

피일일세계중 개유백억염부제 내지백억
彼一一世界中에 皆有百億閻浮提와 乃至百億

색구경천 기중소유 실개명현
色究竟天이라 其中所有가 悉皆明現하니라

그때에 광명이 일억 세계를 지나서 동방의 십억 세계를 두루 비추니 남서 북방과 네 간방間方과 상방上方과 하방下方도 또한 다시 이와 같이 하였습니다. 그 낱낱의 세계 가운데 모두 백억 염부제와 내지 백억의 색구경천

이 있는데 그 가운데 있는 것이 모두 다 분명하게 나타
났습니다.

2) 세존이 자리에 앉다

피일일염부제중   실견여래   좌연화장사
彼一一閻浮提中에 悉見如來가 坐蓮華藏獅

자지좌   십불찰미진수보살   소공위요   실
子之座어시든 十佛刹微塵數菩薩의 所共圍遶라 悉

이불신력고   시방각유일대보살   일일각여
以佛神力故로 十方各有一大菩薩이 一一各與

십불찰미진수제보살   구   내예불소   기
十佛刹微塵數諸菩薩로 俱하야 來詣佛所하시니 其

대보살   위문수사리등   소종래국   위금색
大菩薩은 謂文殊師利等이며 所從來國은 謂金色

세계등   본소사불   위부동지여래등
世界等이며 本所事佛은 謂不動智如來等이니라

그 낱낱의 염부제 가운데 다 보니 여래께서 연화장
사자좌에 앉으셨는데 열 불찰 미진수의 보살들이 함께

둘러싸고 있었으며 다 부처님의 위신력으로 시방에 각각 한 큰 보살이 있고, 그 보살들이 낱낱이 각각 열 불찰 미진수의 모든 보살들과 함께 부처님 계신 곳에 나아가니, 그 큰 보살은 문수사리 등이며 좇아온 바의 국토는 금색세계 등이며 본래 섬기던 부처님은 부동지여래 등이었습니다.

3) 일체처 문수보살의 게송

이 시　일 체 처 문 수 사 리 보 살　각 어 불 소　동
爾時에 **一切處文殊師利菩薩**이 **各於佛所**에 **同**

시 발 성　설 차 송 언
時發聲하사 **說此頌言**하사대

그때에 일체처 문수사리보살이 각각 부처님 계신 곳에서 동시에 소리를 내어 이 게송을 말하였습니다.

(1) 수행의 원만圓滿

광대 고 행 개 수 습
廣大苦行皆修習하사대

일 야 정 근 무 염 태
日夜精勤無厭怠하사

이 도 난 도 사 자 후
已度難度獅子吼로

보 화 중 생 시 기 행
普化衆生是其行이로다

광대한 고행苦行을 다 닦으시며

밤낮으로 정근精勤하여 게으름이 없으사

제도하기 어려움을 이미 제도한 사자후로

중생들을 널리 제도함이 그 행이로다.

대자비로 중생들을 구제하는 게송들이다. 부처님은 6년
간 고행을 닦으시고 게으른 적이 없었다. 강강剛强 중생들이
라 참으로 제도하기 어려운 중생들까지 제도하시니 참으로
사자후라고 할 만하다.

(2) 삼독三毒을 교화하다

중 생 유 전 애 욕 해
衆生流轉愛欲海하야

무 명 망 부 대 우 박
無明網覆大憂迫일새

지 인 용 맹 실 단 제   서 역 당 연 시 기 행
至仁勇猛悉斷除하시니   **誓亦當然是其行**이로다

중생들이 애욕의 바다에 흘러 다니며

무명의 그물에 덮여 크게 근심하거늘

지극히 어지신 이가 용맹하게 다 끊으시니

서원도 또한 당연히 그 행行이로다.

중생들의 중생이 된 병이 무수히 많은데 그중에서 가장
독한 병이 탐욕과 분노와 어리석음이다. 역사적으로 수많은
사람의 생명을 사람이 살상한 것도 모두가 탐진치貪嗔痴라는
삼독 때문이다. 하루에도 사람들이 삼독 때문에 얼마나 많
은 과오를 저지르는가. 애욕의 바다에 흘러 다니며 무명의
그물에 덮여 크게 근심하는 것도 모두가 삼독 때문이다.

세 간 방 일 착 오 욕   불 실 분 별 수 중 고
世間放逸着五欲하야   **不實分別受衆苦**일새

봉 행 불 교 상 섭 심   서 도 어 사 시 기 행
奉行佛敎常攝心하사   **誓度於斯是其行**이로다

세간 사람들 방일하고 오욕五欲에 집착하여
잘못 분별하여 온갖 고통 받는도다.
불교를 받들어 행한다는 것은
마음을 항상 단속하는 것이라
제도하기를 서원함이 바로 그 행이로다.

오욕에 집착한 중생을 제도하는 가르침이다. 사람이 방일한 것은 오욕에 집착할 인연이 된다. 불교에서의 오욕이란 눈, 귀, 코, 혀, 몸 등이 하고자 하는 일만 하는 것이다. 세속에서는 재물과 이성과 음식과 명예와 수명을 말한다.

세 번째 구절의 "불교를 받들어 행한다는 것은 마음을 항상 단속하는 것이다."라는 말씀은 명언 중의 명언이다. 자신을 지키는 입장에서의 불교에서 이 말씀보다 우선하는 것은 없으리라. 불교 공부는 무엇 때문에 하는가. 탐진치 삼독과 방일과 오욕락五欲樂에 마음이 흘러가지 않도록 잘 살펴서 단속하기 위함이다. 이 일만 제대로 한다면 과오가 없는 삶을 산다. 사람들은 흔히 나를 거스르는 경계와 나를 순종하는 경계를 만나면 먼저 마음이 움직이고 그 움직이는 마음이 좀 더 발전하면 자신도 모르게 어디론가 흘러가 버린다. 그래서 다시는 돌이킬 수 없는 데까지 가고 만다. 그래서 8만4천 과오를 불러온다. 마음을 단속하는 방법으로는 참선, 염불, 간경, 진언, 예배 등등 여러 가지가 있지만 한 순간에 마음을 깨닫는 것이 제일 훌륭한 방법이다.

원효스님은 "막지 않는 천당에 가는 사람이 적은 것은 삼독과 번뇌로 자신의 집 재산을 삼았기 때문이며, 유혹하지 않는 악도에 많이 가는 것은 육신과 오욕으로 거짓 마음의 보배를 삼았기 때문이다."[6]라고 하였다.

중 생 착 아 입 생 사
衆生着我入生死하야

구 기 변 제 불 가 득
求其邊際不可得일새

보 사 여 래 획 묘 법
普事如來獲妙法하사

위 피 선 설 시 기 행
爲彼宣說是其行이로다

중생이 아我에 집착하여 생사에 들어가서

그 끝을 찾으려야 찾을 수 없거늘

---

6) 無防天堂에 少往至者는 三毒煩惱로 爲自家財요 無誘惡道에 多往入者는
四蛇五欲으로 爲妄心寶니라.

널리 여래를 섬겨 미묘한 법을 얻어
그들 위해 설명함이 그의 행이라네.

아我에 집착한 중생을 구제하는 내용이다. 생사도 무아
의 이치를 모르기 때문에 있다고 본다. 아我에 집착하는 것
이 원인이 되어 생사의 과보를 받게 된다. 무아를 깨닫지 못
하면 생사가 넓고 넓어 끝이 없다.

중생 무 호 병 소 전　　　　상 륜 악 취 기 삼 독
衆生無怙病所纏으로　　　常淪惡趣起三毒하야

대 화 맹 염 항 소 열　　　　정 심 도 피 시 기 행
大火猛焰恒燒熱일새　　　淨心度彼是其行이로다

중생이 의지가 없고 병에 얽히어
항상 악취惡趣에 빠져 삼독을 일으켜서
크고 맹렬한 불에 항상 타오르거늘
깨끗한 마음으로 그를 제도함이 그의 행이로다.

악취에 떨어진 중생을 구제하는 내용이다. 악취란 지옥,

아귀, 축생을 뜻하는데 사람의 얼굴을 하고 있으면서 그 사는 모습은 언제나 지옥과 같고 아귀와 같고 축생과 같은 것을 말한다.

중 생 미 혹 실 정 도   상 행 사 경 입 암 택
衆生迷惑失正道하야   常行邪徑入闇宅일새

위 피 대 연 정 법 등   영 작 조 명 시 기 행
爲彼大燃正法燈하사   永作照明是其行이로다

중생들이 미혹하여 정도正道를 잃고
늘 삿된 길 걷고 어두운 집에 들어가니
그를 위해 정법正法의 등불을 크게 밝혀
길이 밝게 비춤이 그 행이로다.

　삿된 견해에 빠진 중생을 구제하는 내용이다. 미혹하기 때문에 정도를 잃고 삿된 길을 걷는다. 불교의 가르침이란 한마디로 인생의 삿된 길을 버리고 바른 길을 가게 하는 가르침이다. 정법正法의 등불을 크게 밝혀서 일체 중생들로 하여금 하루빨리 인생의 정도에 들어서게 해야 할 것이다.

중생 표 익 제 유 해　　　　우 난 무 애 불 가 처
衆生漂溺諸有海하야　　**憂難無涯不可處**일새

위 피 흥 조 대 법 선　　　　개 령 득 도 시 기 행
爲彼興造大法船하사　　**皆令得度是其行**이로다

중생들이 온갖 존재의 바다에 빠져서

근심과 어려움이 끝이 없어 머물 곳이 아니니

그를 위해 큰 법의 배를 만들어

모두 제도하게 함이 그의 행이로다.

온갖 존재의 바다에 빠진 중생들을 구제하는 내용이다.

존재의 공성空性을 모르는 것을 존재의 바다[諸有海]에 빠졌다

고 한다. 근심과 어려움이 끝이 없는 것도 색이 곧 공임을 깨

닫지 못하기 때문이다.

중 생 무 지 불 견 본　　　　미 혹 치 곽 험 난 중
衆生無知不見本하야　　**迷惑癡狂險難中**일새

불 애 민 피 건 법 교　　　　정 념 영 승 시 기 행
佛哀愍彼建法橋하사　　**正念令昇是其行**이로다

중생들이 무지하여 근본을 못 보고
미혹하고 어리석어 험한 길로 달아날새
부처님이 불쌍히 여겨 법의 다리를 세워
바른 마음으로 그 다리에 오르게 함이 그의 행이로다.

무지한 중생들을 제도함을 밝혔다. 법선法船이나 법교法橋라는 용어는 인생의 고해苦海를 건너는 데 반드시 필요한 방편을 가리키는 말이다. 즉 법法, 진리의 가르침이라야만 고통의 바다를 건너가는 배가 되고 다리가 된다는 뜻이다.

견 제 중 생 재 험 도	노 병 사 고 상 핍 박
見諸衆生在險道하야	老病死苦常逼迫하고
수 제 방 편 무 한 량	서 당 실 도 시 기 행
修諸方便無限量하사	誓當悉度是其行이로다

모든 중생들이 험한 길에서
노병사老病死의 고통에 항상 쫓김을 보고
온갖 방편을 한량없이 닦아서
맹세코 다 제도함이 그의 행이로다.

험한 길에 떨어진 중생들을 제도함을 밝혔다. 험한 길이란 늙고 병들고 끝내는 죽음으로 돌아가는 일을 말한다. 온갖 방편을 한량없이 닦아서 늙고 병들고 죽는 고통에서 벗어나는 길은 무엇인가. 생사와 열반이 같은 것임을 깨달아야 한다. 이 몸과 텅 빈 공이 하나임[色卽是空]을 깨달아야 한다. 인생의 삶이 본래 공에서 출발하여 공으로 돌아가는 과정이라는 사실을 깨달아야 한다.

(3) 자비와 지혜

문 법 신 해 무 의 혹
聞法信解無疑惑하며

요 성 공 적 불 경 포
了性空寂不驚怖하고

수 형 육 도 변 시 방
隨形六道徧十方하사

보 교 군 미 시 기 행
普教群迷是其行이로다

법을 듣고 믿어 알아 의혹 없으며
성품이 공적함을 알아 놀라지 않고
형상은 육도에 따르며 시방에 두루 하사
많은 중생 널리 교화함이 그의 행이로다.

자비와 지혜가 두루 함을 밝혔다. 법문을 통해서나 강의를 통해서나 책을 통해서나 법을 들으면 믿고 이해해서 의혹이 없어야 한다. 불교 공부에는 문사수聞思修 삼혜三慧라는 세 가지 단계가 있다. 잘 듣고, 깊이 사유하고, 부지런히 실천하는 것이다. 몸도 공적하고 성품도 공적함을 깨달으면 그 어떤 일이 닥친다 하더라도 두려울 것이 없다. 그래서 형상은 육도를 따르지만 시방에 두루 나타낼 수 있을 것이다.

10. 인과가 원만한 덕

1) 광명변조光明遍照

이시 광명 과십억세계 변조동방백억
爾時에 **光明**이 **過十億世界**하야 **遍照東方百億**

세계 천억세계 백천억세계 나유타억세
世界와 **千億世界**와 **百千億世界**와 **那由他億世**

계 백나유타억세계 천나유타억세계 백천
界와 **百那由他億世界**와 **千那由他億世界**와 **百千**

나유타억세계 여시무수무량무변무등 불
那由他億世界와 **如是無數無量無邊無等**과 **不**

가수불가칭불가사불가량불가설 진법계허
可數不可稱不可思不可量不可說인 **盡法界虛**

공계 소유세계 남서북방 사유상하 역
空界의 **所有世界**하고 **南西北方**과 **四維上下**도 **亦**

부여시　　피일일세계중　개유백억염부제
復如是하시니 彼——世界中에 皆有百億閻浮提와

내지백억색구경천　　기중소유　실개명현
乃至百億色究竟天이라 其中所有가 悉皆明現하나라

그때에 광명이 십억 세계를 지나서 동방의 백억 세
계와 천억 세계와 백천억 세계와 나유타억 세계와 백
나유타억 세계와 천 나유타억 세계와 백천나유타억 세
계와 이러한 수없고 한량없고 끝없고 같을 이 없고 셀
수 없고 일컬을 수 없고 생각할 수 없고 헤아릴 수 없
고 말할 수 없는 온 법계와 허공계에 있는 세계를 두루
비추고 남서 북방과 네 간방間方과 상방上方과 하방下方도
또한 다시 이와 같이 하였습니다. 그 낱낱의 세계 가운
데 모두 백억 염부제와 내지 백억의 색구경천이 있는데
그 가운데 있는 것이 모두 다 환하게 나타났습니다.

부처님께서 광명을 놓아 깨닫게 하는 것이 점점 확대되고
불어나서 여기까지 열 번이나 거듭하였다. 광명이 시방을 비
추는 것이 마지막에는 다함이 없는 무진無盡에까지 이르렀는
데 화엄경의 수준에서는 간략하게 백억 세계와 천억 세계와

백천억 세계에서 온 법계와 허공계에 있는 세계까지 17단계에 이르렀다.

이 모두 부처님의 지혜 광명을 받지 아니함이 없었다. 그래서 그 광명 안에 비친 세계는 모두 그 실상이 환하게 다 밝게 나타났다. 이것이 광명으로 깨닫게 하는 가르침, 즉 광명각품光明覺品이다. 불교의 가르침은 오로지 지혜 광명으로 존재의 실상을 철저히 밝혀 내는 것이다.

2) 세존이 자리에 앉다

피 일 일 염 부 제 중　　실 견 여 래　　좌 연 화 장 사
彼一一閻浮提中에 悉見如來가 坐蓮華藏獅

자 지 좌　　　십 불 찰 미 진 수 보 살　　소 공 위 요　　실
子之座어시든 十佛刹微塵數菩薩의 所共圍遶라 悉

이 불 신 력 고　　시 방 각 유 일 대 보 살　　일 일 각 여
以佛神力故로 十方各有一大菩薩이 一一各與

십 불 찰 미 진 수 제 보 살　　구　　　내 예 불 소　　　기
十佛刹微塵數諸菩薩로 俱하야 來詣佛所하시니 其

대보살　　위문수사리등　　소종래국　　위금색
大菩薩은 **謂文殊師利等**이며 **所從來國**은 **謂金色**

세계등　　본소사불　　위부동지여래등
世界等이며 **本所事佛**은 **謂不動智如來等**이니라

그 낱낱의 염부제 가운데 다 보니 여래께서 연화장
사자좌에 앉으셨는데 열 불찰 미진수의 보살들이 함께
둘러싸고 있었습니다. 모두 부처님의 위신력으로 시방
에 각각 한 큰 보살이 있고, 그 보살들이 낱낱이 각각
열 불찰 미진수의 모든 보살들과 함께 부처님 계신 곳
에 나아가니, 그 큰 보살은 문수사리 등이며 좇아온 바
의 국토는 금색세계 등이며 본래 섬기던 부처님은 부동
지여래 등이었습니다.

3) 일체처 문수보살의 게송

이시　　일체처문수사리보살　　각어불소　　동
爾時에 **一切處文殊師利菩薩**이 **各於佛所**에 **同**

시발성　　설차송언
時發聲하사 **說此頌言**하사대

그때에 일체처 문수사리보살이 각각 부처님 계신 곳에서 동시에 소리를 내어 이 게송을 말하였습니다.

(1) 부처님 인과가 두루 함

일 념 보 관 무 량 겁
一念普觀無量劫호니

무 거 무 래 역 무 주
無去無來亦無住라

여 시 요 지 삼 세 사
如是了知三世事하사

초 제 방 편 성 십 력
超諸方便成十力이로다

한 생각에 한량없는 겁劫을 널리 보니

감도 없고 옴도 없고 머무름도 없네.

이와 같이 삼세三世의 일을 분명히 아사

모든 방편 뛰어나서 열 가지 힘 이루었도다.

인과가 원만한 덕을 밝혔다. 화엄경의 게송 중에서 빼어난 구절이라 법당의 주련으로 많이 활용한다. 한순간에 한량없이 멀고 먼 겁을 관찰하지만 그 한량없는 겁에 가거나 오거나 머물거나 하는 것이 없다. 이와 같이 과거 현재 미래와 혼연히 일체가 되는 이치이다. 시간성을 초월하여 모든 시간이 된다. 그러므로 열 가지 힘, 즉 부처님이 된 것이다.

또 다음과 같은 해석이 있다. "과거의 마음을 얻을 수 없으므로 감이 없다. 미래의 마음을 얻을 수 없으므로 미래도 없다. 현재의 마음을 얻을 수 없으므로 머무름도 없다." 정명경에서는 "만약 과거라고 하면 과거의 마음은 이미 소멸하였고, 만약 미래라고 하면 미래의 마음은 오지 않았고, 만약 현재라고 하면 현재의 마음은 머무름이 없다."[7] 라고 하였다.

시 방 무 비 선 명 칭
十方無比善名稱이

영 리 제 난 상 환 희
永離諸難常歡喜하사

보 예 일 체 국 토 중
普詣一切國土中하야

광 위 선 양 여 시 법
廣爲宣揚如是法이로다

시방에 비할 데 없는 좋은 이름이

모든 어려움을 영원히 떠나 항상 기쁘며

---

7) 次句了性 : 過去心不可得 故云無去, 未來心不可得 故云無未來, 現在心不可得 故云無住, 故淨名云 若過去 過去心已滅, 若未來 未來心未至, 若現在 現在心無住.

일체 국토에 널리 나아가
이러한 법을 널리 선양하도다.

큰 작용이 밖으로 드러남을 밝혔다. 큰 작용이란 설법이
두루 함이다. 부처님을 찬탄한 노래가 있다. "천상과 천하
에 부처님과 같을 이 없으며, 시방세계에 비할 데 없다. 세
간에 있는 것을 다 보았지만 그 무엇도 부처님과 같을 이 없
더라."[8]

위 리 중 생 공 양 불
爲利衆生供養佛일새

여 기 의 획 상 사 과
如其意獲相似果하시고

어 일 체 법 실 순 지
於一切法悉順知하사

변 시 방 중 현 신 력
徧十方中現神力이로다

중생을 이롭게 하려고 부처님께 공양하여
그 뜻과 같이 상사相似한 결과를 얻으시고
모든 법에 다 수순하여 아시고
시방에 두루 위신력을 나투시네.

---

8) 天上天下無如佛 十方世界亦無比 世間所有我盡見 一切無有如佛者.

부처님께 공양하는 것은 중생을 이롭게 하기 위함이다. 결코 부처님을 위해서 공양하는 것이 아니다. 설사 보살이라 하더라도 어찌 부처님을 이롭게 하기 위해서 공양할 수 있으랴. 바꿔서 말하면 중생 공양이 곧 제불 공양이라는 말이다. 공양하는 뜻이 이와 같아야 상사相似한 결과, 즉 기대하는 불과를 이룰 수 있을 것이다.

종 초 공 양 의 유 인
從初供養意柔忍하며

입 심 선 정 관 법 성
入深禪定觀法性하고

보 권 중 생 발 도 심
普勸衆生發道心이실새

이 차 속 성 무 상 과
以此速成無上果로다

처음 부처님께 공양하고 마음이 부드러우며
선정에 깊이 들어 법성法性을 깊이 관찰하고
중생에게 널리 권해 도심道心을 내게 할새
이것으로 최상의 결과를 빨리 이루었네.

보시와 지계와 인욕과 정진과 선정과 지혜를 다 포함하였다. 그리고 중생에게 널리 권해 도심道心을 내게 한다는 것은 방편과 원과 힘도 포함하였다. 이러한 10바라밀을 통해서 최상의 결과인 불과를 이룬다.

(2) 따라서 행하기를 권하다

시 방 구 법 정 무 이
十方求法情無異하고

위 수 공 덕 영 만 족
爲修功德令滿足하며

유 무 이 상 실 멸 제
有無二相悉滅除하면

차 인 어 불 위 진 견
此人於佛爲眞見이니라

시방으로 법을 구하여 마음 변치 않고
공덕을 닦아 만족케 하며
있고 없는 두 모양을 다 소멸하면
이런 사람 부처님을 참으로 보리라.

일체 존재에 대하여 있음과 없음, 너와 나, 남자와 여자 등 상대적인 차별성으로 보는 마음이 사라지고 불이성, 무차별성, 공적성으로 볼 수 있으면 이 사람은 부처님을 보리라. 금강경에서는 "무릇 형상이 있는 것은 다 허망하니 만약 모든 상을 보되 비상非相으로 보면 곧 여래를 보리라."[9]라고 하였다. 존재의 공성만 제대로 파악하면 진리는 눈앞에 있을 것이다.

보 왕 시 방 제 국 토　　　　광 설 묘 법 홍 의 리
普往十方諸國土하야　　**廣說妙法興義利**호대

주 어 실 제 부 동 요　　　　차 인 공 덕 동 어 불
住於實際不動搖하면　　**此人功德同於佛**이니라

시방의 모든 국토에 두루 다니며
묘법妙法을 널리 설해 이익을 일으키되
실제實際에 머물러 움직이지 않으면
이 사람의 공덕은 부처님과 같으리라.

부처님을 공덕자功德者라고 부른다. 천상천하에서 공덕이 가장 많으며 훌륭한 공덕의 소유자가 부처님이다. 그와 같은 부처님이 되려면 시방세계를 두루 다니면서 무상심심한 미묘법을 널리 설하여 바른 이치의 이익을 일으키되 실제實際에 머물러 움직이지 않아야 한다.

---

9) 凡所有相 皆是虛妄 若見諸相非相 卽見如來.

여래 소 전 묘 법 륜
如來所轉妙法輪이여

일 체 개 시 보 리 분
一切皆是菩提分이니

약 능 문 이 오 법 성
若能聞已悟法性하면

여 시 지 인 상 견 불
如是之人常見佛이니라

여래께서 굴리시는 묘한 법륜은

모두가 다 보리에 나아가는 길

만약 듣고 나서 법성을 깨달으면

이러한 사람은 항상 부처님을 보리라.

여래께서 설하시는 법문은 일체가 깨달음으로 나아가는 길이다. 그 어떤 저급한 방편 설법을 하더라도 본래의 목적은 중생을 깨달음으로 인도하고자 하는 것이다. 두 가지 목적은 있을 수 없다. 법화경에서도 "여래가 이 세상에 출현하심은 오직 하나의 큰 사연[一大事因緣] 때문이다."라고 하였다. 하나의 큰 사연이란 깨달음이다. 그 깨달음, 즉 부처님의 지견知見을 열어 주고 보여 주고 깨닫게 해 주고 그 깨달음 속에 들어가게 하기 위함이다.

불 견 십 력 공 여 환　　　　수 견 비 견 여 맹 도
不見十力空如幻이면　　**雖見非見如盲覩**니

분 별 취 상 불 견 불　　　　필 경 이 착 내 능 견
分別取相不見佛이요　　**畢竟離着乃能見**이니라

십력十力이 공하여 환술과 같은 줄을 보지 못하면

비록 보나 보지 못하는 맹인과 같으니

분별로 모양을 취하면 부처를 못 보리니

끝까지 집착을 떠나야 이에 보리라.

십력十力10)이란 부처의 다른 이름이다. 부처님의 공덕과

---

10) 십력十力

① 처비처지력處非處智力 : 도리와 이치가 옳고 그른 것을 다 아는 지혜의 힘

② 업이숙지력業異熟智力 : 일체 중생의 삼세 업보를 다 아는 지혜의 힘

③ 정려해탈등지등지지력靜慮解脫等持等至智力 : 여러 가지 선정과 해탈과 삼매를 다
   아는 지혜의 힘

④ 근상하지력根上下智力 : 중생들의 근기가 높고 낮음을 다 아는 지혜의 힘

⑤ 종종승해지력種種勝解智力 : 중생의 여러 가지 지해知解를 다 아는 지혜의 힘

⑥ 종종계지력種種界智力 : 중생들의 여러 가지 경계를 다 아는 지혜의 힘

⑦ 변취행지력徧趣行智力 : 여러 가지 행업行業으로 어디에 가서 나게 되는 것을 다 아
   는 지혜의 힘

⑧ 숙주수념지력宿住隨念智力 : 숙명통으로 중생의 가지가지 숙명을 다 아는 지혜의 힘

⑨ 사생지력死生智力 : 천안통으로 중생이 죽어서 태어날 때와 선한 곳과 악한 곳을
   걸림 없이 다 아는 지혜의 힘

⑩ 누진지력漏盡智力 : 온갖 번뇌와 습기를 영원히 끊어 없애는 지혜의 힘.

능력을 표현하는 데 가장 많이 인용한다. 그와 같이 부처님을 열 가지 힘으로 표현하지만 텅 비어 환영과 같은 줄로 보아야지, 만약 실재하는 것으로 본다면 그것은 보나 보지 못하는 맹인과 같다고 하였다. 분별로 모양을 취하면 그것은 부처님을 보는 것이 아니라고 한다. 형상을 형상이 아닌 것으로 보아야 비로소 여래를 보리라.

중 생 수 업 종 종 별
衆生隨業種種別을

시 방 내 외 난 진 견
十方內外難盡見이니

불 신 무 애 변 시 방
佛身無礙徧十方을

불 가 진 견 역 여 시
不可盡見亦如是니라

중생이 업業을 따라 갖가지 다름과
시방의 안팎을 다 보기 어려우니
부처님의 몸 걸림 없어 시방에 두루 함을
다 보지 못함이 또한 이와 같도다.

부처님의 능력을 표현하는 십력 가운데 변취행지력偏趣行智力이라고 해서 중생들의 여러 가지 행업行業으로 어디에 가

서 나게 되는 것을 다 아는 지혜의 힘이 있다. 참으로 중생
들의 업력은 불가사의하여 가지가지가 다르다. 그래서 시방
의 안팎을 다 보기 어렵다. 그와 같이 부처님의 몸도 걸림이
없어 시방에 두루 하여 보지 못한다.

비 여 공 중 무 량 찰　　　무 래 무 거 변 시 방
譬如空中無量刹이　　**無來無去徧十方**호대

생 성 멸 괴 무 소 의　　　불 변 허 공 역 여 시
生成滅壞無所依하야　　**佛徧虛空亦如是**니라

비유컨대 허공의 한량없는 세계가
옴도 없고 감도 없이 시방에 두루 하되
생성과 소멸이 의지한 데 없듯이
부처님이 허공에 두루 함도 이와 같도다.

　허공은 무한광대한 저 우주에 끝없이 펼쳐져 있다. 그래
서 가고 오고 할 것이 없다. 언제나 그곳이 그곳이다. 허공
은 생성하거나 소멸함도 없다. 불생불멸이다. 허공 안에 존
재하는 지구와 기타 별들만 끝없이 성주괴공을 거듭한다.

허공은 부동성이다. 부처님도 독립된 체성이 없이 드넓은 허공에 두루 한 것이 이와 같다.

사람의 불성생명과 진여자성도 이와 같아서 저 허공처럼 넓고 넓어 무한광대하다. 무한광대한 허공에 무수한 별과 사람과 비행기와 자동차와 기차와 새들이 마음껏 왕래하듯이 불성생명과 진여자성 안에서 출생과 성장과 변화하여 늙음과 소멸과 성공과 실패 등등 일체가 변화무쌍하며 천변만화한다. 일생을 통해서 변화무쌍하며 천변만화하지만 그 본래의 자리, 즉 그 소재는 늘 여여부동한 진여자성과 불성생명이다. 이것이 지혜 광명으로 깨닫게 하는 가르침, 광명각품이다.

광명각품 끝

대방광불화엄경 강설

제13권

十. 보살문명품

보살문명품은 문수보살이 아홉 명의 보살에게 질문하면 각수覺首 등 보살들이 답을 하고, 다시 여러 보살이 질문하면 문수보살이 답을 하는 형식으로 설해졌다. 여래의 깊고 깊은 연기심심緣起甚深과 교화심심敎化甚深과 업과業果심심과 설법說法심심과 복전福田심심과 교법敎法심심과 정행正行심심과 수행修行심심과 일도一道심심과 불경佛境심심에 대해 묻고 답하는 내용이다.

1. 연기심심緣起甚深

1) 문수보살이 각수보살에게 묻다

(1) 십사오대十事五對

이시_{爾時}에 文殊師利菩薩이 問覺首菩薩言하사대 佛
子야 心性이 是一이어늘 云何見有種種差別이니잇고
所謂往善趣惡趣와 諸根滿缺과 受生同異와 端正
醜陋와 苦樂不同이니라

그때에 문수사리보살이 각수보살에게 물었습니다.
"불자여, 심성心性은 하나이거늘 어찌하여 갖가지 차별
이 있음을 보게 됩니까? 이른바 선한 데도 가고 악한

데도 가며, 모든 근根이 원만하기도 하고 모자라기도 하며, 생生을 받음이 같기도 하고 다르기도 하며, 단정하기도 하고 누추하기도 하며, 고통을 받고 즐거움을 받는 것이 같지 않습니다."

첫 질문이다. 불교를 공부하는 사람이라면 보통 사람들도 충분히 의심할 만한 내용을 물었다. "심성心性은 하나이거늘 어찌하여 갖가지 차별이 있음을 보게 됩니까?"라고 하면서 사람들이 태어나는 곳이 다름과 육근과 사대가 각각 다름과 남녀로 태어남이 다름과 잘나고 못난 것과 고생하고 즐겁게 사는 것의 다름이 상반되는 것들이다. 일체가 심성이라는 한 가지 사실로 만들어졌다[一切唯心造]면서 인생을 살아가는 모습은 왜 이처럼 각각 다른가라는 질문이다.

또 심성이 하나라는 뜻은 종지宗旨, 즉 근본 취지를 세운 것이다. 그 심성은 여래장如來藏이며 자성청정심이다. 진여자성이며 법성생명이다. 여래장이라고 하면 공여래장空如來藏도 있고 불공여래장不空如來藏도 있으며 일체 번뇌가 없는 경지와 일체 만덕지혜가 충만한 경지도 함께 포함한다.

(2) 십사오대十事五對의 부지不知

업부지심　　심부지업　　수부지보　　보부
業不知心하고 心不知業하며 受不知報하고 報不

지수　　심부지수　　수부지심　　인부지연
知受하며 心不知受하고 受不知心하며 因不知緣하고

연부지인　　지부지경　　경부지지
緣不知因하며 智不知境하고 境不知智로다

"그러므로 업業이 마음을 알지 못하고 마음이 업을
알지 못하며, 받는 것이 과보를 알지 못하고 과보가 받
는 것을 알지 못하며, 마음이 받는 것을 알지 못하고 받
는 것이 마음을 알지 못하며, 인因이 연緣을 알지 못하고
연이 인을 알지 못하며, 지혜가 경계를 알지 못하고 경
계가 지혜를 알지 못하나이다."

업과 마음·마음과 업, 받는 것과 과보·과보와 받는
것, 마음과 받는 것·받는 것과 마음, 인과 연·연과 인, 지
혜와 경계·경계와 지혜가 서로서로 알지 못하면서 또한 분
리할 수도 없는 문제에 대해서 의문을 제기하였다. 각수보
살의 답이 기대된다.

2) 각수覺首보살의 답

(1) 대답할 것을 허락하다

時에 覺首菩薩이 以頌答曰
시   각수보살   이송답왈

그때에 각수보살이 게송으로 답하였습니다.

仁今問是義는
인금문시의

爲曉悟群蒙이라
위효오군몽

我如其性答호리니
아여기성답

惟仁應諦聽하소서
유인응체청

인자仁者가 이런 뜻을 지금 물으니

중생들을 깨우치기 위함이라.

내가 그 성품과 같이 답하리니

인자여 응당 자세히 들으소서.

보살이 보살을 지칭할 때 인자仁者라고 한다. 첫 게송은
중생들을 위해서 이러한 질문을 한 것을 찬탄하였다. 보살
은 무엇을 하든 오로지 중생을 위한다. 답을 하는데 심성의

이치와 같이 답할 것이라고 선언하였다. 불교는 언제나 마음의 원리, 생명의 원리, 진여자성의 원리에 입각해서 해석한다.

(2) 서로 알지 못함을 답하다

제 법 무 작 용
諸法無作用이며

역 무 유 체 성
亦無有體性이라

시 고 피 일 체
是故彼一切가

각 각 불 상 지
各各不相知니라

모든 법은 작용이 없으며

또한 체성體性도 없어

그러므로 저 모든 것은

각자 서로 알지 못하느니라.

제법諸法은 인연으로부터 생기고 인연으로부터 소멸하는데 그 인연이 가지가지이므로 서로 알지 못한다. 독립된 작용도 없고 독립된 체성도 없다. 그래서 알지 못한다.

(3) 알지 못함의 비유

비 여 하 중 수
譬如河中水가

단 류 경 분 서
湍流競奔逝호대

각 각 불 상 지
各各不相知인달하야

제 법 역 여 시
諸法亦如是니라

비유컨대 강 가운데 흐르는 물이
빠르게 다투어 흘러가지만
각각 서로 알지 못하듯이
모든 법도 또한 이와 같으니라.

업業이 마음을 알지 못하고 마음이 업을 알지 못하며, 받
는 것이 과보를 알지 못하고 과보가 받는 것을 알지 못하는
것은, 마치 앞강물 뒷강물이 빠르게 흘러도 서로 알지 못하
는 것과 같다. 땅과 물과 불과 바람이라는 사대四大의 비유
를 들었는데 물의 비유다.

역 여 대 화 취
亦如大火聚가

맹 염 동 시 발
猛焰同時發호대

각 각 불 상 지　　　　제 법 역 여 시
各各不相知인달하야　　**諸法亦如是**니라

또한 큰 불무더기에서

맹렬한 불길이 함께 일어나지만

서로 각각 알지 못하듯이

모든 법도 또한 이와 같으니라.

우 여 장 풍 기　　　　우 물 함 고 선
又如長風起에　　　**遇物咸鼓扇**호대

각 각 불 상 지　　　　제 법 역 여 시
各各不相知인달하야　　**諸法亦如是**니라

또 바람이 길게 불어올 때

물건에 닿으면 함께 흔들리지만

각각 서로 알지 못하듯이

모든 법도 또한 이와 같으니라.

우 여 중 지 계　　　　전 전 인 의 주
又如衆地界가　　　**展轉因依住**호대

각 각 불 상 지
各各不相知인달하야

제 법 역 여 시
諸法亦如是니라

또 여러 땅덩이가

차례차례 의지하여 머물지만

각각 서로 알지 못하듯이

모든 법도 또한 이와 같으니라.

십사오대+事五對의 알지 못함을 사대에 비유하였다. 우리의 육신도 사대로 되었고 바깥의 세상과 지구도 역시 사대로 되었다. 그 모두가 눈앞에 펼쳐진 것과 같이 존재하지만 낱낱이 서로서로 알지 못하고 존재한다. 일체 제법이 허망무실하기 때문에 실체가 없고 실체가 없으므로 서로 알지 못한다.

(4) 차별의 인연

안 이 비 설 신
眼耳鼻舌身과

심 의 제 정 근
心意諸情根이

이 차 상 유 전
以此常流轉호대

이 무 능 전 자
而無能轉者니라

눈과 귀와 코와 혀와 몸과
마음과 뜻과 모든 정情의 근根이
이런 것이 항상 유전하지만
유전하는 주체가 없느니라.

눈과 귀와 코와 혀와 몸과 뜻의 6근은 서로 어울리고 엮여서 흘러가면서 천변만화하여 온갖 일을 만들지만 어느 것 하나도 실체가 없다. 또한 서로 어울리고 엮여서 흘러가면서 천변만화하게 하는 주체도 없다. 모두가 합성하여 이뤄진 존재들이기 때문이다. 이것이 실체 없는 각각의 차별한 인연이다.

(5) 진여眞如가 인연을 따르다

법 성 본 무 생
法性本無生호대

시 현 이 유 생
示現而有生하니

시 중 무 능 현
是中無能現이며

역 무 소 현 물
亦無所現物이니라

법성法性은 본래 생生이 없으나

생을 나타내 보이나니
이 가운데는 나타내는 이도 없고
또한 나타나는 사물도 없느니라.

진여법성, 진여자성, 불성생명이라는 생명 원리에는 본래
생기고 소멸하는 것이 없이 생기고 소멸한다. 즉 생로병사하
지만 생로병사에는 주관도 없고 객관도 없다. 온전히 진여
자성 덩어리다. 진여자성 덩어리가 그 자성 자리를 지키지
아니하고 인연을 따라 주관도 되고 객관도 되면서 천백억 화
신으로 생멸변화를 나타낸다. 법성게에서 그를 일러 불수자
성수연성不守自性隨緣成이라 한다. 마치 금으로 반지와 비녀와
시계와 불상과 수저 등등을 만들어서 천변만화하지만 금에
는 아무런 생멸이 없이 그냥 금일 뿐인 것과 같은 이치다. 그
자리에 무슨 주관인 금이 따로 있고 객관인 금이 따로 있겠
는가. 그래서 생사와 열반이 상공화相共和다.

(6) 망심妄心으로 분별하여 육근이 있다

안 이 비 설 신
眼耳鼻舌身과

심 의 제 정 근
心意諸情根이

일 체 공 무 성
一切空無性이어늘

망 심 분 별 유
妄心分別有니라

눈과 귀와 코와 혀와 몸과

마음의 뜻과 모든 정情의 근根이

모두 공空하여 자성自性이 없지만

망심으로 분별하여 있게 되느니라.

모두가 합성품이다. 합성품을 망심으로 분별하여 그와 같은 실체가 있다고 한다. 그야말로 가짜로 있는 가유假有의 존재들이다. 가짜로 존재하는 것들인데 설사 흩어진들 무슨 잘못된 것이 있겠는가. 가짜는 흩어지는 것이 바른길이다. 어두운 밤에는 수많은 별들이 있는 것처럼 보이지만 밝은 태양이 뜨면 하나도 없다. 지혜의 밝은 눈을 뜨면 6근은 흔적도 없다. 밝은 눈으로 보면 색이 곧 공이다.

(7) 일체가 무자성無自性이다

여 리 이 관 찰
如理而觀察하면

일 체 개 무 성
一切皆無性이니

법 안 부 사 의
法眼不思議라

차 견 비 전 도
此見非顚倒니라

이치대로 관찰해 보면

모두가 다 자성이 없나니

법안法眼은 부사의함이라

이렇게 보는 것이 바로 봄이로다.

내사대內四大인 육신이나 외사대外四大인 산하대지나 이치
대로 관찰해 보면 어느 것도 실체가 없다. 모두 합성품이다.
일체 존재를 존재의 실상대로 보는 법안은 참으로 불가사의
하다. 이와 같이 보는 것은 바른 눈이고, 이와 다르게 보는
것은 전도된 눈이다.

(8) 자취마저 떨어 버리다

약 실 약 불 실
若實若不實과

약 망 약 비 망
若妄若非妄과

세 간 출 세 간
世間出世間이

단 유 가 언 설
但有假言說이니라

진실과 진실하지 아니함과

허망과 허망하지 아니함과

세간과 출세간이

다만 거짓말이니라.

불적拂跡이라고 한다. 모든 것은 실체가 없다고 보고 실
체가 없다고 본 그 법안法眼마저 떨어 버린다. 사찰에서는 마
당을 쓸 때 뒷걸음질을 하면서 쓴다. 왜냐하면 앞으로 나아
가면서 마당을 쓸면 아무리 깨끗하게 쓸어도 쓸고 간 사람
의 발자국이 남는다. 그 발자국마저 쓸어 버리기 위해서다.
그것이 자취마저 떨어 버리는 이치를 보여 주는 행위이다.

2. 교화심심教化甚深

1) 문수보살이 재수보살에게 묻다

(중생을 따르는 열 가지 일)

이시 문수사리보살 문재수보살언 불
爾時에 文殊師利菩薩이 問財首菩薩言하사대 佛

자 일체중생 비중생 운하여래 수기시
子야 一切衆生이 非衆生인댄 云何如來가 隨其時

수기명 수기신 수기행 수기
하시며 隨其命하시며 隨其身하시며 隨其行하시며 隨其

해 수기언론 수기심락 수기방편
解하시며 隨其言論하시며 隨其心樂하시며 隨其方便

수기사유 수기관찰 어여시제중생
하시며 隨其思惟하시며 隨其觀察하사 於如是諸衆生

중 위현기신 교화조복
中에 爲現其身하야 教化調伏이니잇고

그때에 문수사리보살이 재수보살에게 물었습니다.
"불자여, 일체 중생이 중생이 아니라면 어찌하여 여래께서 그 때[時]를 따르고, 그 목숨을 따르고, 그 몸을 따르고, 그 행을 따르고, 그 이해를 따르고, 그 언론을 따르고, 그 마음에 좋아함을 따르고, 그 방편을 따르고, 그 생각함을 따르고, 그 관찰함을 따라서 이와 같은 모든 중생 가운데 그 몸을 나타내어 교화하고 조복하십니까?"

부처님이 중생을 따르면서 교화를 펼치는 열 가지 깊고 깊은 사연에 대해서 문수보살이 재수보살에게 질문하였다. 만약 중생이 중생이 아니라면 무엇인가? 중생은 본래로 공적한 것인가? 아니면 중생은 본래로 부처님인가? 그렇다. 중생은 미혹한 중생이면서 중생은 본래 텅 비어 공적한 존재다. 또한 중생은 본래부터 부처님이다. 이와 같이 세 가지로 보는 관점을 불교에서는 공관空觀과 가관假觀과 중도관中道觀이라 한다. 그래서 일체 중생이 중생이 아니라고 한 것이다.

그런데 본래로 부처님인 중생을 교화하는 데 반드시 따라야 할 열 가지 일이 있다. 중생을 제대로 교화하려면 때를 잘 보아서 때에 맞게 교화해야 한다. 그뿐만 아니라 그 목숨과 그 몸과 그 행위와 그 이해 등등을 잘 알아서 알맞은 방편을 써야 한다. 이것이 중도적 교화 방편이다. 그래서 교화심심이라 한다.

2) 재수財首보살의 답

(1) 대답할 것을 허락하다

時에 財首菩薩이 以頌答曰
시　재수보살　이송답왈

그때에 재수보살이 게송으로 답하였습니다.

此是樂寂滅　　　多聞者境界라
차시요적멸　　　다문자경계

我爲仁宣說호리니　仁今應聽受하소서
아위인선설　　　인금응청수

이것은 적멸을 좋아하면서

많이 듣는 이들의 경계라
내가 인자仁者를 위해 말하리니
인자시여 이제 응당 들으소서.

　재수보살이 대답하겠다고 하는 이것이란 교화심심教化甚深에 대한 내용이다. 중생을 교화하는 일이 부처님의 사업이며 불교의 목적 사업이다. 불교가 하는 일의 전부다. 그런데 이 일이 그리 간단하지가 않다. 깊고 깊은 이치가 숨어 있다. 그래서 교화심심이라고 한다. 중생 교화는 당연히 해야 한다. 그러나 교화를 해야 할 사람들의 진정한 성향은 적멸을 좋아한다. 조용히 있는 것을 삶의 기본이라고 생각하는 사람들이다. 그러면서 한편으로는 공부하기를 좋아한다. 많이 듣고, 많이 읽고, 많이 쓴다. 이 두 가지 면을 병행했을 때 진정한 교화가 이뤄지기 때문이다.

(2) 중생의 몸을 따르다

분 별 관 내 신　　　차 중 수 시 아
分別觀內身컨댄　　**此中誰是我**오

약 능 여 시 해   피 달 아 유 무
若能如是解하면   **彼達我有無**니라

분별하여 이 몸을 관찰하건대

이 가운데 무엇을 나我라 하리오.

만일 능히 이와 같이 이해한다면

그는 나의 있고 없음을 통달하리라.

차 신 가 안 립   주 처 무 방 소
此身假安立이라   **住處無方所**하니

체 료 시 신 자   어 중 무 소 착
諦了是身者는   **於中無所着**이니라

이 몸은 거짓으로 되어 있고

머무는 곳도 처소가 없으니

이 몸을 참으로 아는 이는

여기에 집착하지 아니하리라.

어 신 선 관 찰   일 체 개 명 견
於身善觀察하야   **一切皆明見**하면

지 법 개 허 망
知法皆虛妄하야

불 기 심 분 별
不起心分別이니라

이 몸을 잘 관찰해서
모든 것을 다 밝게 보면
법이 다 허망함을 알고
분별하는 마음을 일으키지 아니하리라.

세 게송은 이 육신을 바르게 관찰하여 더 이상 분별하거나 집착하거나 애착하지 않는 자세를 밝혔다. 이 몸을 깊이 자세히 관찰해 보면 무아無我다. 공空이다. 무상無常이며 무상無相이다. 가짜다. 거짓으로 되어 있다. 허수아비다. 저녁연기며, 아침 이슬이다. 물거품이다. 허망하고 허무하다. 처음부터 없는 것이다. 그래서 무안이비설신의無眼耳鼻舌身意라고 자나 깨나, 앉으나 서나, 가나 오나 노래 부르고 있다.

(3) 중생의 수명을 따르다

수 명 인 수 기
壽命因誰起며

부 인 수 퇴 멸
復因誰退滅고

유 여 선 화 륜
猶如旋火輪이

초 후 불 가 지
初後不可知니라

수명은 무엇을 인因하여 생겼으며
또 무엇을 인하여 없어지는가?
마치 불을 돌리는 바퀴와 같아서
처음과 끝을 알지 못하리라.

수명이란 목숨이다. 숨을 쉬며 살아 있는 힘이다. 즉 생
명인데 사람이나 동물이나 식물이나 모든 살아 있는 것은
숨을 쉼으로써 생명을 유지해 나간다. 호흡기관을 통해 공
기를 들이마심으로써 끊임없이 몸속에 산소를 공급해 주어
야만 모든 생명이 유지되고 그것을 목숨이 살아 있다고 한
다. 그 또한 여러 가지 조건들이 결합하여 임시로 있는 것처
럼 여겨지는 합성체合成體다. 비유에서 설명한 대로 불을 돌
릴 때 나타난 불바퀴와 같은 것이다. 그 바퀴에서 어디가 처
음이며 어디가 끝인가. 처음과 끝을 찾을 수 없는 것은 그
바퀴의 실체가 없기 때문이다.

(4) 중생의 관찰을 따르다

지 자 능 관 찰
智者能觀察

일 체 유 무 상
一切有無常하며

제 법 공 무 아
諸法空無我하야

영 리 일 체 상
永離一切相이니라

지혜로운 이는

일체가 무상無常하며

모든 법이 공하여 무아임을 관찰하고

일체의 형상을 영원히 떠나느니라.

사람과 모든 존재는 비록 진여불성이며 자성청정성이라
하더라도 무상성無常性과 공성空性과 무아성無我性과 무상성無
相性으로 되었다. 그러므로 무상無常으로 보아야 하며, 무아
로 보아야 하며, 공으로 보아야 하며, 무상無相으로 보아야
한다. 그래서 일체의 상을 영원히 떠나야 한다.

(5) 중생의 행을 따르다

중 보 수 업 생
衆報隨業生이

여 몽 부 진 실
如夢不眞實하니

염 념 상 멸 괴
念念常滅壞하야

여 전 후 역 이
如前後亦爾니라

온갖 과보가 업을 따라 생기는 것이
꿈과 같아서 진실하지 않으며
순간순간에 항상 소멸하여
앞과 같이 뒤도 역시 그러하니라.

미혹하기 때문에 업을 짓고, 업을 지어서 과보를 받는다.
우리가 사는 현재의 모습은 모두 업을 지어서 얻은 과보다.
그런데 이와 같은 것을 사람이 사는 일이라 하지만 그대로
가 꿈이다. 진실한 것이 아니다. 순간순간 사라져 가고 있
다. 단 1초도 그대로 머물러 있지 않다.

(6) 중생의 마음에 좋아함을 따르다

세 간 소 견 법
世間所見法이

단 이 심 위 주
但以心爲主어늘

수 해 취 중 상
隨解取衆相일새

전 도 불 여 실
顚倒不如實이니라

세간에서 보는 모든 법이

다만 마음으로 주인이 되거늘

이해를 따라서 온갖 모양을 취할새

전도顚倒하여 실답지 못하도다.

세간에서 보는 모든 법이 다만 마음이 주인이 된다는 것
은 일체 경계는 곧 마음의 변화라는 뜻이다. 이와 같은 내용
을 자세히 설명한 것은 유식唯識의 이론이다. 상분相分 견분
見分 자증분自證分 증자증분證自證分 등의 복잡한 이론이 밑에
깔려 있는 내용이다. 아무튼 심외무법心外無法이라 하여 마음
밖에는 따로 아무것도 없다고 보는 것이 유식사상이다. 이
와 같이 보지 못하면 그것은 전도된 견해이다.

(7) 중생의 언어를 따르다

세 간 소 언 론
世間所言論이

일 체 시 분 별
一切是分別이니

미 증 유 일 법
未曾有一法도

득 입 어 법 성
得入於法性이니라

세간의 말이란

일체가 분별이니

일찍이 한 법도

법성에 들어가지 못하도다.

세간의 언어란 어떤 언어든지 모두가 의식으로 사량 분별해서 나온 것이다. 그 어떤 복잡 미묘한 철학이론이라 하더라도 사변思辨의 결과다. 그러므로 사량 분별을 초월한 진여법성에는 들어갈 수 없다.

(8) 중생의 생각을 따르다

능 연 소 연 력
能緣所緣力으로

종 종 법 출 생
種種法出生이니

속 멸 부 잠 정　　　　　염 념 실 여 시
速滅不暫停하야　　　　**念念悉如是**니라

반연絆緣과 반연할 바의 힘으로

갖가지 법이 출생하나니

빨리 소멸하고 잠깐도 머물지 아니해서

순간순간 모두 그러하니라.

　한 마음 안에 주관이 있고 객관이 있다. 상분相分은 객관
으로서 반연할 바다. 견분見分은 주관으로서 능히 반연하는
주관이 된다. 소연所緣과 능연能緣의 관계다. 그러나 모두가
한 마음 안에서 일어나서 가지가지 법을 출생한다. 또한 잠
깐도 머물지 않고 소멸한다. 생성과 소멸이 변화무쌍하다.

3. 업과 심심業果甚深

1) 문수보살이 보수보살에게 묻다

(과보를 받는 열 가지 일)

이시 문수사리보살 문보수보살언 불
爾時에 **文殊師利菩薩**이 **問寶首菩薩言**하사대 **佛**

자 일체중생 등유사대 무아무아소 운
子야 **一切衆生**이 **等有四大**호대 **無我無我所**어늘 **云**

하 이유수고수락 단정추루 내호외호 소수
何而有受苦受樂과 **端正醜陋**와 **內好外好**와 **少受**

다수 혹수현보 혹수후보 연 법계중
多受와 **或受現報**와 **或受後報**이닛고 **然**이나 **法界中**엔

무 미 무 악
無美無惡이니이다

그때에 문수사리보살이 보수보살에게 물었습니다.

"불자여, 일체 중생이 평등하게 사대四大가 있되 아我도 없고 아소我所도 없거늘 어찌하여 괴로움을 받고 즐거움을 받으며, 단정하고 누추하며, 안으로 좋아하고 밖으로 좋아하며, 적게 받고 많이 받으며, 혹은 현생現生의 보報를 받고 혹은 후생後生의 보를 받습니까? 그러나 법계 가운데는 아름다운 것도 없고 악한 것도 없나이다."

일체 중생의 육신은 평등하게 지수화풍이라는 사대로 되어 있다. 그러나 사대는 거짓 이름이며, 사대는 주인이 없다. 그래서 육신도 무아다. 무아에서 무슨 나의 것[我所]이 있겠는가. 또한 고락과 누추와 내외와 다소와 순현보順現報와 순생보順生報와 순후보順後報가 있겠는가. 법계 중에는, 생명원리에는 그와 같은 차별상이 없다. 각각 다른 금의 모양은 보이지 않는다. 오직 금이라는 평등만 보인다.

2) 보수寶首보살의 답

(1) 업을 따라 과보가 생기다

시 보 수 보 살 이 송 답 왈
時에 **寶首菩薩**이 **以頌答曰**

그때에 보수보살이 게송으로 답하였습니다.

수 기 소 행 업　　　　　여 시 과 보 생
隨其所行業하야　　　　**如是果報生**이나

작 자 무 소 유　　　　　제 불 지 소 설
作者無所有니　　　　　**諸佛之所說**이로다

그들의 행한 업을 따라서
이와 같은 과보가 생기지만
짓는 이가 없도다.
모든 부처님이 말씀하신 바로다.

인연으로 생기는 업業과 과보果報는 상속하지만 짓는 이
도 없고 받는 이도 없다. 짓는 이도 본질이 공성空性이며, 받
는 이도 본질이 공성이며, 업도 또한 공성이며, 과보도 또한

공성이다. 그러므로 어떤 공덕도 공성이며, 어떤 죄업도 공성이다. 설사 어떤 한 법이 있어서 열반을 지나간다 하더라도 꿈이며 환영이다. 이와 같이 보는 것은 정견이요 이와 다르게 보는 것은 사견이다.

(2) 비유譬喩

비여정명경	수기소대질
譬如淨明鏡이	**隨其所對質**하야

현상각부동	업성역여시
現像各不同인달하야	**業性亦如是**니라

비유하건대 깨끗하고 밝은 거울이

그 앞에 상대할 사물을 따라서

나타나는 영상이 각각 다르듯이

업業의 성품도 또한 이와 같도다.

미혹과 업과 과보의 본질이 공성인 점을 비유로 밝혔다. 청량스님은 "만약 법상종의 견해라면 근본 식識으로 거울을 삼는다. 지금은 법성종의 견해를 의지함으로 또한 여래장성으로써 밝은 거울을 삼는다."[11]라고 하였다. 근본 식이든 여래장성이든 쉽게 이해하면 거울이란 마음의 거울이다. 텅 빈 마음자리에 이런 업, 저런 업이 가지가지로 왕래하는 경우를 밝힌 것이다.

역 여 전 종 자
亦如田種子가

각 각 불 상 지
各各不相知호대

자 연 능 출 생
自然能出生인달하야

업 성 역 여 시
業性亦如是니라

또 밭에 심을 종자가
각각 서로 알지 못하나
자연히 능히 출생하듯이
업의 성품도 또한 이와 같도다.

밭에서 종자가 싹을 틔우는 것에 비유하였다. 밭은 업에 비유하였으니 연緣이 되고, 종자는 식識에 비유하였으니 인因이 된다. 이 두 가지가 상대해야 싹이 나기 때문에 독립된 자

---

11) 若法相宗唯以本識爲鏡. 今依法性宗, 亦以如來藏性而爲明鏡.

성이 없으며 서로 알지 못한다고 한 것이다.

우 여 교 환 사
又如巧幻師가

재 피 사 구 도
在彼四衢道하야

시 현 중 색 상
示現衆色相인달하야

업 성 역 여 시
業性亦如是니라

또 재주 있는 요술쟁이가

저 네거리에서

온갖 모양을 나타내 보이듯이

업의 성품도 또한 이와 같도다.

    마술사가 마술로 비둘기를 만들어 보이고, 카드를 만들어 보이고, 갖가지의 보자기도 만들어 보이듯이 업의 성품도 짓는 대로 가지가지를 만들어 보인다. 근본은 텅 비어 공적하지만 업력은 불가사의하여 재주 있는 마술사와 같다.

여 기 관 목 인
如機關木人이

능 출 종 종 성
能出種種聲호대

피 무 아 비 아　　　　　　업 성 역 여 시
彼無我非我인달하야　　　　**業性亦如是**니라

마치 기관機關으로 만든 허수아비가

갖가지 소리를 능히 내지만

그것은 나와 나 아님이 없듯이

업의 성품도 또한 이와 같도다.

기관목인機關木人이라는 허수아비는 요즘으로는 녹음기

나 전축이나 각종 오디오와 같은 것이다. 오디오에서 별별

소리를 다 내지만 그 속에는 사람이 있는 것도 아니고 악기

가 들어 있는 것도 아니다. 소리를 낼 만한 그 어떤 실체가

없다. 텔레비전이나 컴퓨터 역시 마찬가지다. 업의 성품도

이와 같다.

역 여 중 조 류　　　　　　종 각 이 득 출
亦如衆鳥類가　　　　　**從殼而得出**호대

음 성 각 부 동　　　　　　업 성 역 여 시
音聲各不同인달하야　　**業性亦如是**니라

또한 온갖 새들이

모두 알에서 나왔으나

그 소리들이 각각 다르듯이

업의 성품도 또한 이와 같도다.

온갖 새들이 모두 알에서 태어난다. 같은 알이지만 태어나서 소리를 내면 그 소리들은 각각 다르다. 알을 깨서 아무리 찾아봐야 소리는 어디에도 없다. 업의 성품도 이와 같아서 업을 짓는 대로 천 가지로 변하고 만 가지로 화한다.

비 여 태 장 중　　　　　제 근 실 성 취
譬如胎藏中에　　　　**諸根悉成就**나

체 상 무 래 처　　　　　업 성 역 여 시
體相無來處인달하야　**業性亦如是**니라

또 비유하건대 태胎 속에서

여러 근根이 이루어지지만

그 형체는 오는 곳이 없듯이

업의 성품도 또한 이와 같도다.

업의 본성은 오는 곳이 없음을 비유하였다. 비록 인연으로 좇아서 온다고 하지만 그 인연 또한 오는 곳이 없다. 원인 속에 이미 결과가 포함되어 있어서 오는 곳이 없다고 한다. 사람이든 다른 동물이든 아니면 식물이든 미미한 작은 물 한 방울이거나 씨앗 하나에 6근이 이미 다 들어 있다. 물 한 방울에 무슨 눈, 귀, 코, 혀, 머리카락, 발톱 등이 있었는가. 온 곳은 어디에도 없다. 업이란 참으로 불가사의하며 무서운 것이다.

우 여 재 지 옥
又如在地獄에

종 종 제 고 사
種種諸苦事여

피 실 무 소 종
彼悉無所從인달하야

업 성 역 여 시
業性亦如是니라

또 저 지옥의
갖가지 고통스러운 일들이
모두 온 곳이 없듯이
업의 성품도 또한 이와 같도다.

지옥에서 온갖 고통을 받지만 지옥은 어떠한 고통도 있는 곳이 아니다. 중생이 고통을 스스로 느낄 뿐이다. 지옥에 위문공연을 간 사람은 같은 지옥에 있다 하더라도 즐겁기만 하다. 실체는 없지만 각각 업을 지은 것이 다르기 때문이다.

비 여 전 륜 왕
譬如轉輪王이

성 취 승 칠 보
成就勝七寶나

내 처 불 가 득
來處不可得인달하야

업 성 역 여 시
業性亦如是니라

비유하건대 전륜왕이
아름다운 칠보를 가지지만
그 온 곳을 찾지 못하듯이
업의 성품도 또한 이와 같도다.

왕의 가족으로 태어나거나 부귀공명을 누리는 집안에 태어나면 금은보화와 온갖 영화를 누린다. 그런데 그가 누리는 영화가 어디에서 왔는지 온 곳을 찾을 길이 없다. 업의 씨앗은 이와 같이 불가사의하다.

우 여 제 세 계　　　　　대 화 소 소 연
又如諸世界가　　　　**大火所燒然**이나

차 화 무 래 처　　　　　업 성 역 여 시
此火無來處인달하야　　**業性亦如是**니라

또 모든 세계가
큰 불에 다 타 버리지만
그 불이 온 곳이 없듯이
업의 성품도 또한 이와 같도다.

　겁의 불길이 일어나면 모든 세계가 다 타 버리고 심지어
바다까지 타 버린다. 가끔은 화재가 일어나서 큰 공장도 타
고 큰 빌딩도 타 버린다. 불이 타고 나면 화재의 원인을 찾
는다고 야단법석을 떤다. 전기일 수도 있고 성냥일 수도 있
고 담뱃불일 수도 있지만 모든 전기, 모든 성냥, 모든 담배
가 다 그렇던가. 모든 불이 다 그렇듯이 결코 온 곳은 없다.
그와 같이 업도 또한 그렇다.

4. 설법심심 說法甚深

1) 문수보살이 덕수보살에게 묻다

(법문의 열 가지 한량없음)

이시 문수사리보살 문덕수보살언 불
爾時에 文殊師利菩薩이 問德首菩薩言하사대 佛

자 여래소오 유시일법 운하내설무량 제
子야 如來所悟는 唯是一法이어늘 云何乃說無量諸

법 현무량찰 화무량중 연무량음
法하시며 現無量刹하시며 化無量衆하시며 演無量音

시무량신 지무량심 현무량신통
하시며 示無量身하시며 知無量心하시며 現無量神通

보능진동무량세계 시현무량수승 장
하시며 普能震動無量世界하시며 示現無量殊勝莊

엄 현시무변종종경계 이법성중 차
嚴하시며 顯示無邊種種境界이닛고 而法性中엔 此

차 별 상   개 불 가 득
差別相을 皆不可得이니이다

그때에 문수사리보살이 덕수보살에게 물었습니다. "불자여, 여래께서 깨달은 것은 오직 이 한 가지 법이 거늘 어찌하여 이에 한량없는 여러 가지 법을 설하시며, 한량없는 세계를 나타내시며, 한량없는 중생을 교화하시며, 한량없는 음성을 연설하시며, 한량없는 몸을 보이시며, 한량없는 마음을 아시며, 한량없는 신통을 나타내시며, 한량없는 세계를 두루 능히 진동하시며, 한량없이 훌륭한 장엄을 나타내 보이시며, 끝없는 갖가지 경계를 나타내 보이십니까? 그러나 법의 성품 가운데는 이러한 차별한 모습을 모두 찾을 수 없습니다."

설법심심說法甚深은 응현심심應現甚深이라고도 한다. 부처님이 깨달음을 통하여 세상에 나타내 보이는 것은 지극히 깊고도 오묘한 도리라는 뜻이다. 실로 부처님의 깨달음은 하나인데 설법은 어찌하여 그와 같이 많고 많은가. 눈에도 보이지 않는 작은 세포 속에 온전한 사람이 다 들어 있으며 소도 개도 양도 돼지도 다 들어 있음을 증명해 보이는 시대에

살고 있지 않는가. 부처님의 깨달음은 실체가 없는데 아침의 샛별에서 왔는가, 금강보좌에서 왔는가, 보리수나무에서 왔는가. 하나의 법에서 펼쳐 보인 화엄경을 두고 저 용수龍樹보살은 13천千 대천大千세계 미진수의 게송偈頌과 일사천하一四天下 미진수의 품품品이 있다고 하였다.

2) 덕수德首보살의 답

(1) 물음에 대한 이익을 찬탄하다

시　덕 수 보 살　이 송 답 왈
時에 **德首菩薩**이 **以頌答日**

그때에 덕수보살이 게송으로 답하였습니다.

불 자 소 문 의
佛子所問義가

심 심 난 가 료
甚深難可了하니

지 자 능 지 차
智者能知此하야

상 락 불 공 덕
常樂佛功德이니라

불자佛子가 물은 뜻

매우 깊어 알기 어려우니

지혜 있는 이가 이것을 알아서

부처님의 공덕을 항상 즐기도다.

덕수보살은 문수보살을 향하여 불자佛子라고 하였다. 우리는 이 불자佛子라는 말을 얼마나 잘 쓰는가. 실로 우리는 그대로 불자다. 설법의 이치가 매우 깊고 또 깊은데 그 뜻을 물었으니 참으로 지혜로운 분이라고 하였다. 또한 설법을 통해서 부처님의 공덕을 알고, 부처님의 공덕을 자신의 공덕으로 하여 즐긴다고 하였다.

(2) 비유譬喩

비 여 지 성 일	중 생 각 별 주
譬如地性一에	**衆生各別住**호대

지 무 일 이 념	제 불 법 여 시
地無一異念인달하야	**諸佛法如是**니라

비유하건대 땅의 성품은 하나로서

중생들이 각각 달리 살지만
땅은 하나다 다르다 하는 생각이 없듯이
모든 부처님의 법도 이와 같도다.

설법심심說法甚深에 대해서 비유로써 밝혔다. 여래가 깨달
으신 법은 오직 하나인데 어찌하여 무량한 제법이 펼쳐지는
가. 비유하자면 마치 땅의 성품은 동일한 하나인데 별의별
중생들이 각각 다르게 사는 것과 같다. 동물도 식물도 지역
을 따라 모두가 다르다. 저 북극과 남극과 아프리카와 아
마존을 보라. 중국과 유럽과 미국을 보라. 얼마나 각양각
색인가. 부처님의 법도 이와 같다.

역 여 화 성 일　　　　능 소 일 체 물
亦如火性一이　　**能燒一切物**호대

화 염 무 분 별　　　　제 불 법 여 시
火焰無分別인달하야　　**諸佛法如是**니라

또 불의 성품은 하나로서
능히 온갖 사물을 태우지만

불꽃은 그런 분별이 없듯이
모든 부처님의 법도 이와 같도다.

    설법이 깊고 깊은 도리를 또 불에 비유하였다. 불이란 한
가지 성질로서 그냥 타오를 뿐이다. 그런데 온갖 사물이 불
에 닿으면 다 타 버린다. 흙도 돌도 나무도, 심지어 물도 타
버린다. 부처님의 법도 하나의 깨달음에서 이와 같이 다양
하게 중생들을 위해서 설법하신다.

역 여 대 해 일 　　　　　파 도 천 만 이
亦如大海一에　　　　　**波濤千萬異**나

수 무 종 종 수　　　　　제 불 법 여 시
水無種種殊인달하야　　**諸佛法如是**니라

또 큰 바다는 하나로서
파도가 천만 가지로 다르지만
물은 가지가지의 다름이 없듯이
모든 부처님의 법도 이와 같도다.

설법심심을 파도에 비유하였다. 바다는 하나인데 천파
만파의 각각 다른 파도가 출렁인다. 출렁이던 파도는 다시
하나의 바다로 돌아온다. 이와 같이 부처님의 설법도 천만
가지로 중생들의 근기와 수준에 따라 소위 8만4천 법문으로
펼쳐지지만 결국은 깨달음이라는 하나일 뿐이다.

역 여 풍 성 일　　　　능 취 일 체 물
亦如風性一이　　　**能吹一切物**호대

풍 무 일 이 념　　　　제 불 법 여 시
風無一異念인달하야　**諸佛法如是**니라

또 바람의 성품은 하나로서
일체 사물에 능히 불지만
바람은 하나다 다르다 하는 생각이 없듯이
모든 부처님의 법도 이와 같도다.

바람이 불어 일체 사물에 와 닿는다. 산 위에 부는 바람
은 나무꾼을 시원하게 하고 바다에 부는 바람은 어부를 위
험에 빠뜨린다. 나무에 부는 바람도, 논밭에 부는 바람도

모두 각각의 인연을 따라 다른 결과를 가져오지만 바람의 성품은 하나이듯이 부처님의 법도 이와 같다. 여래가 깨달으신 법은 한 가지이다.

역 여 대 운 뢰
亦如大雲雷가

보 우 일 체 지
普雨一切地호대

우 적 무 차 별
雨滴無差別인달하야

제 불 법 여 시
諸佛法如是니라

또한 큰 구름이
온갖 땅에 널리 비를 내리되
빗방울은 차별이 없듯이
모든 부처님의 법도 이와 같도다.

큰 구름이 일어 무수한 비를 내릴 때, 곳곳에서 가뭄을 해소하고 낱낱 식물을 자라게 하지만 그 비의 성질은 하나이듯이 부처님의 법도 이와 같아서 여래가 깨달으신 법은 한 가지이다.

역 여 지 계 일
亦如地界一이

능 생 종 종 아
能生種種芽호대

비 지 유 수 이
非地有殊異인달하야

제 불 법 여 시
諸佛法如是니라

또 땅덩이는 하나로서

능히 갖가지 싹을 내되

땅은 다름이 없듯이

모든 부처님의 법도 이와 같도다.

　앞에서는 땅의 성질에 비유하였고, 여기서는 땅덩이에 비유하였다. 봄이 오면 땅덩이에서 천초만목의 싹이 돋지만 땅은 언제나 같은 땅이다. 여래의 깨달음은 하나이지만 화엄경의 가르침에는 13천千 대천大千세계 미진수의 게송偈頌과 일사천하一四天下 미진수의 품品이 있다고 하였다. 우리가 공부하는 가장 작은 화엄경도 39품에 80권이나 된다.

여 일 무 운 에
如日無雲曀에

보 조 어 시 방
普照於十方이나

광 명 무 이 성 　　　　　제 불 법 여 시
光明無異性인달하야　　**諸佛法如是**니라

마치 해가 구름에 가리지 않아

시방을 널리 비추나

광명은 다른 성품이 없듯이

모든 부처님의 법도 이와 같도다.

태양은 시방세계의 낱낱 사물을 다 비춘다. 그리고 태양
빛을 받은 식물은 모두 다 잘 자란다. 그러나 태양빛의 광명
은 그 성품이 동일한 하나이다. 부처님의 법도 이와 같다.

역 여 공 중 월 　　　　　세 간 미 불 견
亦如空中月을　　　　**世間靡不見**이나

비 월 왕 기 처 　　　　　제 불 법 여 시
非月往其處인달하야　　**諸佛法如是**니라

또한 하늘에 있는 달을

세간에서 모두 보지만

달이 그곳에 간 것은 아니듯이

모든 부처님의 법도 이와 같도다.

일천 강에 물이 있으면 일천 강에 달이 있고, 세상의 곳곳
에서 사람마다 다 달을 보지만 달이 그곳에 간 것도 아니며
사람이 달에 간 것도 아니다. 부처님의 법도 이와 같아서 가
고 옴이 없지만 듣고 믿고 이해하는 사람마다 다 깨닫는다.

비 여 대 범 왕   응 현 만 삼 천
譬如大梵王이   **應現滿三千**호대

기 신 무 별 이   제 불 법 여 시
其身無別異인달하야   **諸佛法如是**니라

비유하건대 대범천왕이
삼천세계에 가득 차게 나타나지만
그의 몸은 다르지 않듯이
모든 부처님의 법도 이와 같도다.

여래의 깨달음은 하나지만 온갖 법이 다르게 펼쳐지는 것
을 땅과 불과 바다와 바람과 구름과 땅덩이와 태양과 달과

대범천왕의 비유를 들어 밝혔다. '여래소오如來所悟 유시일법唯是一法'이라 하였다. 여래의 깨달으신 바는 오직 한 가지 법이다. 그러나 그 한 가지 법에서 천백억 화신으로 천변만화하는 것이 또한 여래의 법이다. 본래로 법에는 그와 같은 성질을 다 갖추고 있다. 그것이 여래의 일체를 구족한 원만구족성이다. 그러므로 법이 그와 같이 펼쳐지게 되는 것이다.

5. 복전심심福田甚深

1) 문수보살이 목수보살에게 묻다

(보시 과보의 열 가지)

이시 문수사리보살 문목수보살언 불
爾時에 文殊師利菩薩이 問目首菩薩言하사대 佛

자 여래복전 등일무이 운하이견중생
子야 如來福田이 等一無異어늘 云何而見衆生이

보시 과보부동 소위종종색 종종형
布施에 果報不同이니잇고 所謂種種色과 種種形과

종종가 종종근 종종재 종종주 종종권속
種種家와 種種根과 種種財와 種種主와 種種眷屬과

종종관위 종종공덕 종종지혜 이불어피
種種官位와 種種功德과 種種智慧니 而佛於彼에

기심평등 무이사유
其心平等하야 無異思惟니이다

그때에 문수사리보살이 목수보살에게 물었습니다.
"불자여, 여래의 복전福田이 평등하게 하나인지라 다름
이 없거늘, 어찌하여 중생이 보시함에 과보가 같지 않
음을 봅니까? 이른바 가지가지 색상과 가지가지 형상
과 가지가지 집과 가지가지 근根과 가지가지 재물과 가
지가지 주인과 가지가지 권속과 가지가지 벼슬 지위와
가지가지 공덕과 가지가지 지혜입니다. 그러나 부처님
은 거기에 그 마음이 평등하여 다른 생각이 없습니다."

복전심심福田甚深이란 법보시나 재보시나 무외보시 등을
베풀었을 때 그에 따른 과보 받음을 알기 어려워 깊고 깊은
이치가 있음을 밝혔다. 여래의 복전福田은 평등하게 하나다.
그런데 받는 과보는 천차만별이다. 왜 그런가? 천차만별한
과보의 형태를 낱낱이 열거하였다. 색상과 형상과 집과 근
과 재물 등등이 서로 다르다. 실은 다 같이 보시를 하더라
도 면밀히 살펴보면 다를 것이다. 목적과 마음 씀씀이의 흔
쾌함과 아끼는 자세 등등이 천차만별일 것이다. 그래서 삼
륜三輪, 즉 베푸는 자와 물건과 받는 이가 모두 텅 비어 청정
함을 관찰하라고 하였다.

2) 목수目首보살의 답

(1) 한 가지 비유로써 전체를 답하다

시　목수보살　이송답왈
時에 目首菩薩이 以頌答曰

그때에 목수보살이 게송으로 답하였습니다.

비여대지일
譬如大地一이

수종각생아
隨種各生芽호대

어피무원친
於彼無怨親인달하야

불복전역연
佛福田亦然이니라

비유하건대 대지는 하나인데

씨앗을 따라서 각각 싹을 내되

거기에는 원수와 친함이 없듯이

부처님의 복전도 또한 그러하느니라.

땅은 똑같은 하나지만 씨앗이 다르므로 싹도 다르고,
잎도 다르고, 꽃도 다르고, 열매도 다르다. 복의 밭이 같다고 해서 그 결과도 같을 수는 없다. 이것은 인과의 당연한 이치다.

(2) 아홉 가지 비유로써 달리 밝히다

우 여 수 일 미
又如水一味가

인 기 유 차 별
因器有差別인달하야

불 복 전 역 연
佛福田亦然하야

중 생 심 고 이
衆生心故異니라

또 물은 한 맛이지만
그릇으로 인해서 차별이 있듯이
부처님의 복전도 또한 그러해서
중생들의 마음 따라 다르니라.

물건을 담는 그릇도 중요하지만 사람의 그릇은 더욱 중요하다. 같은 물을 담아도 그 그릇이 얼마나 큰가, 모양은 어떠한가, 깨끗한가, 더러운가, 어떤 자세로 놓였는가에 따라 별의별 차별이 있게 된다. 부처님의 복전도 그와 같으므로 자신의 그릇을 잘 살필 줄 알아야 한다. 법성게에 "하늘

가득하게 보물이 내려와서 중생을 이익하게 하지만 중생들
은 그 그릇을 따라 이익을 얻음이 다르다."[12]라고 하였다.

역 여 교 환 사
亦如巧幻師가

능 령 중 환 희
能令衆歡喜인달하야

불 복 전 여 시
佛福田如是하야

영 중 생 경 열
令衆生敬悅이니라

또 재주 있는 마술사가

능히 여러 사람을 기쁘게 하듯이

부처님의 복전도 이와 같아서

중생을 기쁘게 하느니라.

여 유 재 지 왕
如有才智王이

능 령 대 중 희
能令大衆喜인달하야

불 복 전 여 시
佛福田如是하야

영 중 실 안 락
令衆悉安樂이니라

---

12) 雨寶益生滿虛空 衆生隨器得利益.

마치 지혜 있는 왕이
능히 대중들을 기쁘게 하듯이
부처님의 복전도 이와 같아서
대중들을 모두 안락하게 하느니라.

그렇다. 부처님의 청정한 복전처럼 사람을 기쁘게 하는
것은 없다. 세상의 그 어떤 이익이 있다 하더라도 불법을 깨
달아 기쁨을 얻는 것만은 못하리라. 마술사가 사람들을 즐
겁게 하든지, 지혜로운 대왕이 국민을 안락하게 하든지, 즐
겁게 하고 안락하게 하는 것에 비유하였다.

비 여 정 명 경   수 색 이 현 상
譬如淨明鏡이   **隨色而現像**인달하야

불 복 전 여 시   수 심 획 중 보
佛福田如是하야   **隨心獲衆報**니라

비유하건대 깨끗한 거울이
사물을 따라서 현상을 나타내듯이
부처님의 복전도 이와 같아서

마음을 따라서 온갖 과보를 얻느니라.

부처님의 복전은 거울과 같다. 거울 앞에 어떤 사물이 오든지 오는 대로 정직하게 다 비춘다. 서양인이 오면 서양인을 비추고 동양인이 오면 동양인을 비추듯이 어떤 마음으로 복을 지었는가에 따라 빠짐없이 다 비춘다. 어찌 국가를 원망하고, 조상을 원망하고, 부처님을 탓하겠는가.

여 아 가 타 약
如阿揭陀藥이

능 료 일 체 독
能療一切毒인달하야

불 복 전 여 시
佛福田如是하야

멸 제 번 뇌 환
滅諸煩惱患이니라

마치 아가타阿揭陀약이

능히 모든 독을 치료하듯이

부처님의 복전도 이와 같아서

모든 번뇌를 소멸하느니라.

아가타阿揭陀약이란 모든 병을 다 고친다는 인도의 영약

이다. 부처님의 복전도 그와 같이 중생들의 모든 번뇌의 병을 다 고친다. 진실로 부처님의 복전이란 지혜의 가르침으로 일체 번뇌를 다스리는 영약이어야 한다.

역 여 일 출 시
亦如日出時에

조 요 어 세 간
照耀於世間인달하야

불 복 전 여 시
佛福田如是하야

멸 제 제 흑 암
滅除諸黑暗이니라

또 해가 뜰 때에
세상을 밝게 비추듯이
부처님의 복전도 이와 같아서
모든 어두움을 소멸하느니라.

부처님의 복전이란 마치 태양과 같아서 세상의 어둠을 다 밝게 비추듯이 사람 사람의 어리석음의 어둠을 모두 소멸한다. 실로 부처님의 복전이란 지혜의 태양이어야 한다.

역 여 정 만 월
亦如淨滿月이

보 조 어 대 지
普照於大地인달하야

불 복 전 역 연
佛福田亦然하야

일 체 처 평 등
一切處平等이니라

또 밝은 보름달이

대지를 널리 비추듯이

부처님의 복전도 또한 그러해서

모든 곳에서 다 평등하니라.

부처님의 복전은 밝은 보름달과 같다. 정월대보름이나 팔월보름이나 우리들의 가슴에 항상 떠오르는 그 밝은 보름달이다. 밤의 어둠을 밝힐 뿐만 아니라 사람들의 삶을 아름답게 하고 정취가 넘치게 하는 보름달이다. 부처님의 복전은 보름달과 같다.

비 여 비 람 풍
譬如毘藍風이

보 진 어 대 지
普震於大地인달하야

불 복 전 여 시
佛福田如是하야

동 삼 유 중 생
動三有衆生이니라

十. 보살문명품普薩問明品

비유하건대 태풍이

대지를 두루 진동시키듯이

부처님의 복전도 이와 같아서

삼유三有의 중생들을 움직이느니라.

삼유三有란 삼계三界에서 제각기 생존하는 모습을 일컫는
다. 욕계의 생존인 욕유欲有와 색계의 생존인 색유色有와 무색
계의 생존인 무색유無色有다. 부처님의 복전은 초대형 태풍이
전 국토를 휩쓸고 가듯이 삼계의 모든 중생을 크게 감동시
킨다.

비 여 대 화 기　　　　　　능 소 일 체 물
譬如大火起에　　　　　　**能燒一切物**인달하야

불 복 전 여 시　　　　　　소 일 체 유 위
佛福田如是하야　　　　　　**燒一切有爲**니라

비유하건대 큰 불길이 일어나서

일체 물건들을 다 태우듯이

부처님의 복전도 이와 같아서

일체 유위법有爲法을 다 태우느니라.

부처님의 복전이란 큰 불길과 같아서 일체의 유위법을 다 태우고 무위법으로 진리의 삶을 살게 하는 것이다. 중생들은 이와 같은 사실을 모른 채 부처님 앞에 와서 불공을 드리고 부처님에게 복을 빌면서 부처님께서 다 태워 없애고자 하는 유위법을 갈구한다. 부처님은 꿈을 깨고 눈뜬 삶을 살기를 바라는데 중생들은 허망한 꿈을 더 깊이 꾸기를 기도한다.

부처님 복전의 깊고 깊은 이치를 밝히면서 땅과 물과 마술사와 지혜로운 왕과 거울과 아가타약과 태양과 보름달과 태풍 등을 비유하여 자세히 설명하였다. 진정한 복전이란 이와 같다.

6. 정교심심正教甚深

1) 문수보살이 근수보살에게 묻다

(열 가지 교법教法의 차별 없음)

이시 문수사리보살 문근수보살언 불
爾時에 文殊師利菩薩이 問勤首菩薩言하사대 佛

자 불교 시일 중생 득견 운하부즉실
子야 佛教가 是一이어늘 衆生이 得見에 云何不卽悉

단일체제번뇌박 이득출리 연기색온수
斷一切諸煩惱縛하고 而得出離이닛고 然其色蘊受

온 상온행온식온 욕계색계무색계 무명탐
蘊想蘊行蘊識蘊과 欲界色界無色界와 無明貪

애 무유차별 시즉불교 어제중생 혹유
愛는 無有差別하니 是則佛教가 於諸衆生에 或有

이익 혹무이익
利益이며 或無利益이니이다

그때에 문수사리보살이 근수보살에게 물었습니다. "불자여, 부처님의 가르침이 하나이거늘 중생이 보고 어찌하여 즉시에 일체 모든 번뇌의 속박을 끊고 벗어나지 못합니까? 그러나 그 색온色蘊, 수온受蘊, 상온想蘊, 행온行蘊, 식온識蘊과 욕계, 색계, 무색계와 무명無明, 탐욕, 애착에는 차별이 없으니 이것이 곧 부처님의 가르침이 모든 중생에게 혹은 이익이 있기도 하며, 혹은 이익이 없기도 한 것입니다."

바른 가르침이 깊고 깊음을 밝혔다. 일반적으로 불교란 모든 중생들이 고통을 떠나서 즐거움을 얻는[離苦得樂] 한 가지 가르침이다. 그런데 고통의 원인으로서는 욕계와 색계와 무색계의 중생들이 오온五蘊을 다 가지고 있다. 오온을 다 가지고 있으므로 당연히 무명과 탐욕과 애착에는 차별이 없다고 한 것이다. 그런데 이와 같은 평등한 상황에서 불교를 공부하여 누구는 이익이 있기도 하고 누구는 이익이 없기도 하다. 왜 그와 같은가? 이 문제에 대해서 문수보살이 근수보살에게 질문하였다.

2) 근수勤首보살의 답

(1) 대답해 줄 것을 허락하다

시　근수보살　이송답왈
時에 **勤首菩薩**이 **以頌答曰**

그때에 근수보살이 게송으로 답하였습니다.

불자선체청　　　　　아금여실답
佛子善諦聽하소서　　**我今如實答**호리니

혹유속해탈　　　　　혹유난출리
或有速解脫이며　　　**或有難出離**니라

불자여 자세히 들으십시오.

내 이제 사실대로 답하리니

혹 어떤 이는 빨리 해탈하고

혹 어떤 이는 벗어나기 어려움이니라.

근수보살이 사실대로 대답할 것을 허락하였다. 말씀과 같이 이익이 있기도 하고 이익이 없기도 하며, 고통에서 빨리

해탈하기도 하고 해탈하기 어려운 사람도 있음을 여러 가지
비유를 들어 밝혔다.

(2) 용맹정진勇猛精進

약 욕 구 제 멸　　　　　　무 량 제 과 악
若欲求除滅　　　　　　**無量諸過惡**인댄

당 어 불 법 중　　　　　　용 맹 상 정 진
當於佛法中에　　　　　　**勇猛常精進**이니라

만약 한량없는 모든 허물을

소멸하고자 하거든

마땅히 부처님의 법 가운데서

항상 용맹하게 정진할지니라.

어떤 공부든지 그 공부의 성공 여부는 부지런히 용맹하
게 앞으로 앞으로 나아가면서 정진하는 길밖에는 없다. 화
엄경을 공부하여 깨달음을 이루는 일도 부지런히 정진하는
것이 정답이다.

(3) 게으른 사람

비 여 미 소 화	초 습 속 영 멸
譬如微少火에	**樵濕速令滅**인달하야
어 불 교 법 중	해 태 자 역 연
於佛敎法中에	**懈怠者亦然**이니라

비유하건대 조그마한 불에
땔감이 젖어 있으면 빨리 꺼져 버리듯이
부처님의 교법 가운데서
게으른 이도 또한 그러하니라.

우리나라도 수천 년 전부터 1960년대까지는 모든 땔감을 나무에서 얻었다. 그러다가 연탄이 등장하고, 석유가 등장하고, 또 전기가 등장하였다. 그래서 그때에는 물을 한 그릇 끓이려고 해도 반드시 나무를 사용할 수밖에 없었다. 연료의 발전 과정을 되돌아보면 참으로 격세지감을 금할 수 없다. 나무라는 땔감을 사용해 본 사람들은 위의 경문을 너무나도 잘 알 수 있으리라.

불교를 공부한다고 하면서 조금 하다가 말고 또 조금 하다가 말면 어떻게 되겠는가. 아무리 적게 하더라도 1년

365일 중에 300일은 해야 하지 않을까. 그래야 그나마 공부의 불길이 꺼지지 않고 잘 타오르리라.

여 찬 수 구 화
如鑽燧求火에

미 출 이 삭 식
未出而數息이면

화 세 수 지 멸
火勢隨止滅인달하야

해 태 자 역 연
懈怠者亦然이니라

또 나무를 비벼서 불을 구할 때
불이 나기도 전에 자주 쉬면
불기운이 따라서 소멸하듯이
게으른 사람도 또한 그러하니라.

땔나무에 불을 붙이는 방법 중에서 가장 오래된 방법이다. 원시사회에서 불을 얻을 때 으레 이와 같은 방법으로 하였다. 지금도 아무런 도구 없이 밀림에 들어가서 불을 피우려면 이 방법밖에 없다. 나무와 나무를 끊임없이 마찰하면 열이 나고, 계속해서 더 마찰하면 불이 일어난다. 불교 공부도 이와 같이 해야 한다. 만약 화두를 1분간 들다가 1분간 쉬고, 다시 1분간 들다가 1분간 쉬면 무슨 공부가 되겠는가. 화두를 드는 열기가 식지 않도록 끊임없이 들고 있어야 한다.

여 인 지 일 주
如人持日珠호대

불 이 물 승 영
不以物承影이면

화 종 불 가 득
火終不可得인달하야

해 태 자 역 연
懈怠者亦然이니라

마치 사람이 화경火鏡을 가졌으나
솜털로 햇빛을 받지 아니하면
마침내 불을 얻을 수 없듯이
게으른 사람도 또한 그러하니라.

불을 구하는 방법 중 하나다. 누구나 어릴 때 많이 해 본 일이리라. 화경火鏡이 따로 없어도 돋보기만 있어도 충분하다. 다만 끈기가 있어야 불을 얻을 수 있다. 그리고 움직이지 않아야 한다. 아무리 좋은 화경을 가지고 있다 하더라도 오랫동안 지속하지 아니하면 불을 얻을 수 없다. 경전을 공

부하거나 기도를 하거나 주문을 외더라도 끈기 있게 꾸준히
하지 않는다면 공부의 불길을 얻기는 어렵다.

비 여 혁 일 조
譬如赫日照에

괴 언 하 부 도
怪言何不覩인달하야

해 치 폐 기 목
孩稚閉其目하고

해 태 자 역 연
懈怠者亦然이니라

비유하건대 밝은 햇빛 아래서
어린아이가 그 눈을 가리고서
왜 보이지 않느냐고 말하듯이
게으른 사람도 또한 그러하니라.

눈을 가리고 보기를 구하는 비유다. 지혜도 없고 지식도
없는 사람을 어린아이에 비유하였다. 공부도 하지 않고 사
유도 하지 않고 고민도 하지 않으면서 불도가 없다고 말한
다면 밝은 태양 아래에서 눈을 가리고 햇빛이 없다고 하는
것과 무엇이 다르겠는가. 참으로 어리석기 짝이 없는 노릇
이다.

여 인 무 수 족
如人無手足하고

욕 이 망 초 전
欲以芒草箭으로

변 사 파 대 지
徧射破大地인달하야

해 태 자 역 연
懈怠者亦然이니라

어떤 사람이 손발도 없으면서
억새풀로 만든 화살을 쏘아
대지를 깨뜨리려 하듯이
게으른 사람도 또한 그러하니라.

아무런 공부도 하지 않고 공부할 생각도 없으면서 불도
를 깨달으려는 사람을 비유하였다. 어리석고 게으른 사람들
의 핑계는 한도 없고 끝도 없다.

여 이 일 모 단
如以一毛端으로

이 취 대 해 수
而取大海水하야

욕 령 진 건 갈
欲令盡乾竭인달하야

해 태 자 역 연
懈怠者亦然이니라

또 한 터럭 끝으로

큰 바다의 물을 떠내서
모두 다 말리려 하듯이
게으른 사람도 또한 그러하니라.

그야말로 얼토당토않고 어처구니없는 생각을 하면서 불법을 깨달으려는 사람을 비유하였다. 아마도 더러는 이와 같은 사람도 있을 것이다.

우 여 겁 화 기
又如劫火起에

욕 이 소 수 멸
欲以少水滅인달하야

어 불 교 법 중
於佛教法中에

해 태 자 역 연
懈怠者亦然이니라

또 겁화劫火가 일어날 때에
적은 물로 끄고자 하듯이
부처님의 교법 가운데
게으른 사람도 또한 그러하니라.

겁화란 세계가 괴겁에 이르렀을 때 불이 일어나서 지구를

온통 다 태워 버리는 맹렬한 불길을 말한다. 바다 밑까지 다 태운다는 겁화다. 그와 같은 불을 어떻게 끄겠는가. 가끔 사찰을 관광이나 하고 멀리서 불상이나 한 번씩 바라보는 일로 불법을 깨달으려는 경우를 비유하였다.

여 유 견 허 공
如有見虛空에

단 거 불 요 동
端居不搖動하고

이 언 보 등 섭
而言普騰躡인달하야

해 태 자 역 연
懈怠者亦然이니라

어떤 이가 허공을 보고

단정히 앉아서 움직이지 않고

말로만 허공에 올랐다고 하듯이

게으른 사람도 또한 그러하니라.

부처님께서 열반에 드시면서 제자들에게 마지막으로 당부하신 말씀이 "게으르지 말고 정진하라."는 것이었다. 게으름이란 가장 나쁜 해독이다. 공자도 낮잠을 자느니 차라리 바둑이나 장기를 두라고 하였다지 않는가. 참으로 인생에

있어서 게으름의 폐해는 무서운 것이다. 그래서 온갖 비유를

들어 가면서 게으름을 경책하였다.

7. 정행심심正行甚深

1) 문수보살이 법수보살에게 묻다

(열한 가지 수번뇌隨煩惱)

이시　문수사리보살　문법수보살언
爾時에 **文殊師利菩薩**이 **問法首菩薩言**하사대

불자　여불소설　약유중생　수지정법　실
佛子야 **如佛所說**하야 **若有衆生**이 **受持正法**하면 **悉**

능제단일체번뇌　하고　부유수지정법　이
能除斷一切煩惱어늘 **何故**로 **復有受持正法**호대 **而**

부단자　수탐진치　수만　수부　수분　수
不斷者니잇고 **隨貪瞋癡**와 **隨慢**과 **隨覆**와 **隨忿**과 **隨**

한　수질　수간　수광　수첨　세력소전　무
恨과 **隨嫉**과 **隨慳**과 **隨誑**과 **隨諂**이 **勢力所轉**으로 **無**

유이심　능수지법　하고　부어심행지내
有離心하니 **能受持法**인댄 **何故**로 **復於心行之內**에

기 제 번 뇌
起諸煩惱_{니잇고}

그때에 문수사리보살이 법수보살에게 물었습니다. "불자여, 부처님께서 말씀하신 바와 같이 만약 어떤 중생이 바른 법을 받아 지니면 다 능히 일체 번뇌를 끊어 제거한다 하셨거늘 무슨 까닭으로 다시 바른 법을 받아 지니고도 끊지 못하는 자가 있습니까? 탐욕과 성냄과 어리석음을 따르고, 아만을 따르고, 감춤을 따르고, 분심念心을 따르고, 한恨을 따르고, 질투를 따르고, 아낌을 따르고, 속임을 따르고, 아첨을 따르는 세력의 구르는 바가 되어 떠나는 마음이 없습니다. 능히 바른 법을 받아 지닐진댄 무슨 까닭으로 다시 마음의 움직임 안에서 모든 번뇌를 일으킵니까?"

번뇌를 분류하는 데 여러 가지 견해가 있다. 여기에서는 3독이라는 근본 번뇌도 따르는 번뇌로 계산하여 열한 가지를 들었다. 불법을 공부하는 사람이 정법을 제대로 받아 지닌다면 당연히 모든 번뇌를 끊어 제거해야 하는데 무슨 까닭으로 끊지 못하는가. 불법을 수행해도 탐욕과 진심과 어리석음과 아만심이 따라 일어나고, 자신의 허물을 감추려는 것과 분심과 원한의 마음과 질투와 인색과 남을 속임과 아첨하는 마음이 따라 일어나서 그 세력으로 번뇌를 떠나지 못한다.

만약 번뇌를 공空 가假 중中 삼관三觀으로 본다면, 번뇌가 본래 공하지만 공한 번뇌를 반드시 소멸하고[空], 번뇌가 본래로 실상이지만 실상인 번뇌를 반드시 소멸한다[中]고 할 수 있다. 그래서 많이 듣기만 하고 수행하지 아니하는 것을 크게 꾸짖는다.

2) 법수法首보살의 답

(1) 자세히 듣기를 권하다

시　법 수 보 살　이 송 답 왈
時에 法首菩薩이 以頌答曰

그때에 법수보살이 게송으로 답하였습니다.

불 자 선 체 청
佛子善諦聽하소서

소 문 여 실 의
所問如實義니

비 단 이 다 문
非但以多聞으로

능 입 여 래 법
能入如來法이니라

불자여, 잘 들으소서.

물은 것이 사실과 같으니

다만 많이 듣는 것으로는

능히 여래의 법에 들어가지 못하리라.

자세히 듣기를 권하면서 다만 많이 듣기만 하고 실제의
수행이 없는 것을 크게 꾸짖는 내용을 밝혔다.

(2) 비유

여 인 수 소 표
如人水所漂에

구 익 이 갈 사
懼溺而渴死인달하야

어 법 불 수 행
於法不修行이면

다 문 역 여 시
多聞亦如是니라

어떤 사람이 물에 떠내려가면서

빠질까 두려워 목말라 죽듯이
법에 수행하지 아니하면
많이 듣는 것도 또한 이와 같도다.

불법에 대해서 많이 듣기만 하고 실제로 수행하지 않는
것을 꾸짖었다. 먼저 물에 떠내려가면서 물을 마시지 않아
목이 말라 죽는 것과 같다고 비유하였다. 어찌 이와 같이 어
리석은 사람이 있겠는가. 우리 모두 되돌아볼 일이다.

여 인 설 미 선
如人設美饍호대

자 아 이 불 식
自餓而不食인달하야

어 법 불 수 행
於法不修行이면

다 문 역 여 시
多聞亦如是니라

어떤 사람이 좋은 음식을 늘어놓고도
스스로 주리면서 먹지 않듯이
법에 수행하지 아니하면
많이 듣는 것도 또한 이와 같도다.

맛있는 음식을 잔뜩 늘어놓고도 먹지 않아 굶주려 죽는다면 이 얼마나 어리석고 원통한 일이겠는가. 불법에 대하여 많이 듣기만 하고 수행하지 않는 것이 이와 같이 어리석은 일이다.

여 인 선 방 약
如人善方藥호대

자 질 불 능 구
自疾不能救인달하야

어 법 불 수 행
於法不修行이면

다 문 역 여 시
多聞亦如是니라

어떤 사람이 약방문을 잘 알면서
자신의 병은 고치지 못하듯이
법에 수행하지 아니하면
많이 듣는 것도 또한 이와 같도다.

만약 병을 잘 알고 또한 약방문을 잘 안다면 고치지 못할 병이 없을 것이다. 그와 같은 능력이 있는데도 병을 고치지 못한다면 그는 어리석은 사람이리라. 불법을 수행하지 아니하면 많이 듣는 것도 또한 이와 같다.

여 인 수 타 보
如人數他寶호대

자 무 반 전 분
自無半錢分인달하야

어 법 불 수 행
於法不修行이면

다 문 역 여 시
多聞亦如是니라

어떤 사람이 남의 보물만 세면서

자기에게는 한 푼도 없듯이

법에 수행하지 아니하면

많이 듣는 것도 또한 이와 같도다.

가장 많이 인용하는 명구다. 그렇다. 남의 보물만 세고
자신의 돈은 한 푼도 없다면 그 신세가 오죽하겠는가. 불법
에 대해서 많이 듣기만 하고 수행하지 않는다면 그도 또한
이와 같으리라.

여 유 생 왕 궁
如有生王宮호대

이 수 뇌 여 한
而受餒與寒인달하야

어 법 불 수 행
於法不修行이면

다 문 역 여 시
多聞亦如是니라

마치 왕궁에 태어난 사람이

배고프고 추위에 떨듯이

법에 수행하지 아니하면

많이 듣는 것도 또한 이와 같도다.

부처님의 계를 받으면 모두 부처님의 아들딸이다. 부처
님의 아들딸로서 아무런 수행이 없다면 왕궁에 태어났어도
배고프고 추위에 떠는 것과 무엇이 다르랴.

여 롱 주 음 악
如聾奏音樂에

열 피 부 자 문
悅彼不自聞인달하야

어 법 불 수 행
於法不修行이면

다 문 역 여 시
多聞亦如是니라

마치 귀머거리가 음악을 연주하되

남은 기쁘게 하나 자신은 못 듣듯이

법에 수행하지 아니하면

많이 듣는 것도 또한 이와 같도다.

불교를 공부하여 남 앞에서 강의나 설법만 많이 하고 자신의 수행은 아무것도 없다면 그것은 마치 귀머거리가 남을 위해 음악을 연주하는 것과 같으리라.

여 맹 궤 중 상
如盲績衆像에

시 피 부 자 견
示彼不自見인달하야

어 법 불 수 행
於法不修行이면

다 문 역 여 시
多聞亦如是니라

마치 눈먼 이가 온갖 형상을 수놓되
남에게는 보이면서 자신은 못 보듯이
법에 수행하지 아니하면
많이 듣는 것도 또한 이와 같도다.

귀머거리가 음악을 연주하는 것과 같은 비유이다. 그것은 소리이고 이것은 몸짓이다. 무엇을 하든지 스스로는 아무것도 수용하지 못하면서 남만을 위해 한다면 무엇이 이로우랴. 많이만 듣고 수행하지 아니하면 그와 같으리라.

비 여 해 선 사
譬如海船師가

이 어 해 중 사
而於海中死인달하야

어 법 불 수 행
於法不修行이면

다 문 역 여 시
多聞亦如是니라

비유하건대 바다의 뱃사공이

바다에서 죽는 것과 같이

법에 수행하지 아니하면

많이 듣는 것도 또한 이와 같도다.

뱃사공이 바다에 빠지는 비유다. 많은 사람을 인도하여
불법의 바다에서 노닐되 자신이 알고 있는 것만 의지하고 몸
을 삼가지 않는다면 그 뱃사공은 바다에 빠질 위험이 있다.

여 재 사 구 도
如在四衢道하야

광 설 중 호 사
廣說衆好事호대

내 자 무 실 덕
內自無實德인달하야

불 행 역 여 시
不行亦如是니라

마치 네거리 길에서

온갖 좋은 일을 널리 말하되
자신에게는 실다운 덕이 없듯이
행하지 아니하면 또한 이와 같도다.

말은 잘하나 덕이 없음을 비유하였다. 앞에 든 여러 가지 비유가 모두 이 한 가지 비유에 포함된다. 수행이란 안으로 실다운 덕을 쌓기 위함이다. 그런데 아무런 실다운 덕 없이 듣기만 많이 한다면 무슨 이익이 되겠는가? 경계하고 또 경계할 일이다. 실로 많이 듣는 것이 허물이 아니라 듣고 수행하지 않는 것이 잘못이리라.

8. 조도심심助道甚深

1) 문수보살이 지수보살에게 묻다

(열 가지 수행)

이시   문수사리보살   문지수보살언   불
爾時에 文殊師利菩薩이 問智首菩薩言하사대 佛

자   어불법중   지위상수   여래   하고   혹위
子야 於佛法中에 智爲上首어늘 如來가 何故로 或爲

중생   찬탄보시   혹찬지계   혹찬감인
衆生하사 讚歎布施하시며 或讚持戒하시며 或讚堪忍

혹찬정진   혹찬선정   혹찬지혜
하시며 或讚精進하시며 或讚禪定하시며 或讚智慧하시며

혹부찬탄자비희사   이종무유유이일법
或復讚歎慈悲喜捨니잇고 而終無有唯以一法으로

이득출리   성아뇩다라삼먁삼보리자
而得出離하야 成阿耨多羅三藐三菩提者니이다

그때에 문수사리보살이 지수보살에게 물었습니다. "불자여, 불법佛法 가운데 지혜가 으뜸이거늘 여래께서 무슨 연고로 혹은 중생을 위하여 보시布施를 찬탄하시며, 혹은 지계持戒를 찬탄하시며, 혹은 감인堪忍을 찬탄하시며, 혹은 정진精進을 찬탄하시며, 혹은 선정禪定을 찬탄하시며, 혹은 지혜智慧를 찬탄하시며, 혹은 자慈, 비悲, 희喜, 사捨를 찬탄하십니까? 그러나 마침내 오직 일법一法으로써 벗어남을 얻어서 아뇩다라삼먁삼보리를 이루는 사람은 없습니다."

조도심심助道甚深이라 하였다. 수행에는 주主 바라밀과 조助 바라밀이 있다. 여기서 주된 바라밀이란 지혜를 뜻하고 나머지는 모두 보조적 바라밀이다. 물론 불법에서 지혜가 가장 우선이지만 그러나 보조적 바라밀인 기타 6바라밀과 4무량심과 같은 것이 반드시 따라야 한다. 지혜 한 가지만으로는 생사에서 벗어나서 최상의 깨달음을 얻을 수 없다는 것을 밝혔다. 그래서 다음의 경문에 "과거와 미래와 현재의 모든 도사께서 한 법法만을 설하여 도道를 얻는 이는 없다."고 하였다.

2) 지수智首보살의 답

(1) 설說할 것을 허락하다

시　지수보살　이송답왈
時에 智首菩薩이 以頌答曰

그때에 지수보살이 게송으로 답하였습니다.

불자심희유　　　　　능지중생심
佛子甚希有하야　　能知衆生心하시니

여인소문의　　　　　체청아금설
如仁所問義라　　　諦聽我今說호리이다

불자여 매우 희유해서

능히 중생의 마음을 아시니

어지신 이의 물으신 뜻과 같나니

제가 이제 설함을 자세히 들으소서.

중생의 마음을 안다는 것은 무엇인가. 중생은 근성도 천
만 가지며, 욕락도 천만 가지며, 성품도 천만 가지다. 그러

므로 지혜라는 한 가지의 법만으로 깨달을 수 없다는 사실을 잘 알아서 조도심심助道甚深을 설하는 것이다.

(2) 심성心性이 같지 않다

과 거 미 래 세
過去未來世와

현 재 제 도 사
現在諸導師가

무 유 설 일 법
無有說一法하야

이 득 어 도 자
而得於道者니라

과거와 미래와

현재의 모든 도사께서

한 법法만을 설하여

도道를 얻는 이는 없느니라.

불 지 중 생 심
佛知衆生心의

성 분 각 부 동
性分各不同하사

수 기 소 응 도
隨其所應度하야

여 시 이 설 법
如是而說法하사대

부처님은 중생들의 마음과 성품이

각각 같지 않음을 아시어

그 마땅함을 따라 제도하여

이와 같이 법을 설하시니라.

중생들의 마음과 성품이 각각 같지 아니하므로 한 법만을 설하여 도를 얻을 수는 없다. 과거 현재 미래의 모든 부처님의 경우도 마찬가지다. 그래서 8만4천 근기를 위한 8만4천 법문이 있다고 하고, 그것을 8만대장경이라 한다.

(3) 근기 따름을 찬탄하다

간 자 위 찬 시
慳者爲讚施하고

훼 금 자 찬 계
毁禁者讚戒하며

다 진 위 찬 인
多瞋爲讚忍하고

호 해 찬 정 진
好懈讚精進하며

아끼는 사람에겐 보시를 찬탄하고

계戒를 파하면 계행戒行을 찬탄하며

진심瞋心이 많으면 인욕을 찬탄하고

게으른 사람에겐 정진精進을 찬탄하도다.

난 의 찬 선 정
亂意讚禪定하고

우 치 찬 지 혜
愚癡讚智慧하며

불 인 찬 자 민
不仁讚慈愍하고

노 해 찬 대 비
怒害讚大悲하며

생각이 어지러우면 선정禪定을 찬탄하고
어리석은 사람에겐 지혜智慧를 찬탄하며
어질지 못하면 자민慈愍을 찬탄하고
성을 내어 해치면 대비大悲를 찬탄하도다.

우 척 위 찬 희
憂慼爲讚喜하고

곡 심 찬 탄 사
曲心讚歎捨하시니

여 시 차 제 수
如是次第修하면

점 구 제 불 법
漸具諸佛法이니라

근심이 많으면 환희를 찬탄하고
마음이 굽으면 버릴 것을 찬탄하시니
이와 같이 차례로 수행하면

모든 불법佛法을 점점 갖추리라.

6바라밀과 4무량심無量心을 경우를 따르고 상황을 따르고 사람을 따라 알맞게 설하여 교화해야 함을 밝혔다. 상황이 이와 같은데 어찌 한 가지 법만을 주장하겠는가. 근본불교에서는 없었던 것이지만 여러 가지 기도법祈禱法이 생기고 여러 가지 기복법祈福法이 생긴 것도 모두가 사람들의 성향을 따른 것이다.

(4) 여러 가지 수행으로 결과를 이루다

여 선 립 기 도
如先立基堵하고

이 후 조 궁 실
而後造宮室인달하야

시 계 역 부 연
施戒亦復然하야

보 살 중 행 본
菩薩衆行本이니라

마치 집터를 먼저 닦고

그 뒤에 집을 짓듯이

보시布施와 계행戒行도 또한 그러해서

보살의 모든 행의 근본이니라.

보시와 지계는 수행의 기본이다. 예컨대 마치 집을 지을 때 집터를 먼저 닦은 뒤에 건물을 세우는 것과 같다. 즉 건물의 기초공사에 해당한다.

비 여 건 성 곽
譬如建城郭은

위 호 제 인 중
爲護諸人衆인달하야

인 진 역 여 시
忍進亦如是하야

방 호 제 보 살
防護諸菩薩이니라

비유하건대 성곽을 세우는 것은
모든 백성을 보호하기 위함이듯이
인욕과 정진도 또한 이와 같아서
모든 보살들을 보호하느니라.

인욕과 정진은 마치 성곽을 세워서 모든 백성을 보호하는 것과 같다. 즉 인욕으로 자신을 지키고 정진으로 계속 나아가게 한다.

비 여 대 력 왕
譬如大力王을

솔 토 함 대 앙
率土咸戴仰인달하야

정 혜 역 여 시
定慧亦如是하야

보 살 소 의 뢰
菩薩所依賴니라

비유하건대 큰 힘을 가진 왕을
온 천하가 다 우러러 받들듯이
선정과 지혜도 또한 이와 같아서
보살들의 의지하는 바이니라.

선정과 지혜는 마치 큰 힘이 있는 왕과 같아서 모든 보살들의 의지하는 바가 된다고 하였다. 수행하는 사람에게 선정과 지혜가 잘 갖춰져 있다면 세상을 살아가는 데 큰 의지처가 있는 것과 같을 것이다.

역 여 전 륜 왕
亦如轉輪王이

능 여 일 체 락
能與一切樂인달하야

사 등 역 여 시
四等亦如是하야

여 제 보 살 락
與諸菩薩樂이니라

또 전륜왕이

능히 온갖 즐거움을 주듯이

자, 비, 희, 사도 또한 이와 같아서

모든 보살에게 즐거움을 주느니라.

전륜왕이란 사천하를 다스리는 가장 큰 왕이다. 즉 천자
와 같은 지위다. 전륜왕은 온 천하 사람들의 행복을 책임진
다. 자, 비, 희, 사와 같은 네 가지 한량없는 마음을 베풀면
일체 중생의 행복을 책임지게 된다. 조도심심助道甚深이라 하
였다. 불교가 다른 종교와 구별되는 점 중의 하나가 수행을
강조하는 점이다. 그러므로 수행하는 방법에 이와 같이 여
러 가지가 있다.

9. 일도심심一道甚深

1) 문수보살이 현수보살에게 묻다

(가지가지로 다른 열 가지 일)

이시 문수사리보살 문현수보살언 불
爾時에 文殊師利菩薩이 問賢首菩薩言하사대 佛

자 제불세존 유이일도 이득출리 운하
子야 諸佛世尊이 唯以一道로 而得出離어시늘 云何

금견일체불토 소유중사 종종부동 소
今見一切佛土의 所有衆事가 種種不同이니잇고 所

위세계 중생계 설법 조복 수량 광명
謂世界와 衆生界와 說法과 調伏과 壽量과 光明과

신통 중회 교의 법주 각유차별 무유불
神通과 衆會와 敎儀와 法住가 各有差別이니 無有不

구일체불법 이성아뇩다라삼먁삼보리자
具一切佛法하고 而成阿耨多羅三藐三菩提者니이다

그때에 문수사리보살이 현수보살에게 물었습니다.

"불자여, 모든 부처님 세존께서는 오직 한 가지 길로 벗어남을 얻으셨거늘, 어찌하여 일체 부처님 국토에 있는 여러 가지 일이 가지가지로 같지 아니함을 보게 됩니까? 이른바 세계와 중생계와 설법과 조복調伏과 수명과 광명과 신통과 대중이 모임과 가르치는 의식과 불법의 머무름이 각각 차별이 있습니다. 일체 불법을 갖추지 아니하고 아뇩다라삼먁삼보리를 이루는 이가 없습니다."

　　제불세존은 오직 일도一道로써 생사를 벗어났으며, 중생들로 하여금 생사에서 벗어나게 하신다. 그런데 어찌하여 일체 세계에는 여러 가지 일들이 갖가지로 같지 아니한가. 세계와 중생계와 설법과 조복調伏과 수명과 광명 등등의 차별이 있는가?

2) 현수賢首보살의 답

(1) 일도출생사一道出生死

시　현수보살　이송답왈
時에 **賢首菩薩**이 **以頌答曰**

그때에 현수보살이 게송으로 답하였습니다.

문 수 법 상 이	법 왕 유 일 법
文殊法常爾하야	**法王唯一法**이니
일 체 무 애 인	일 도 출 생 사
一切無礙人이	**一道出生死**니라

문수보살이여, 법이 항상 그러해서

법왕께서는 오직 한 법이시니

일체에 걸림이 없는 사람이

한 길로 생사를 벗어나느니라.

원효스님께서 시내의 거리를 돌아다니면서 노래 불렀다

고 전해지는 '무애가'의 '무애'는 '일체무애인 일도출생사'에서 유래하였다. 한국의 불교는 신라시대에 원효스님과 의상 스님이 국민들에게 화엄경을 가르쳐서 그 토대를 삼았다.

의상스님은 화엄 법성게를 지어 이생을 하직하는 사람들 이 듣고 이고득락離苦得樂하도록 49재의 마지막 시간에 법성 도法性圖를 돌면서 이별의 노래로 들려 드리도록 하였다. 원 효스님은 경남 천성산 화엄벌에서 일천 명의 수행자에게 화 엄경을 가르쳐 일천 명의 성인을 배출하였다고 하여 천성산 千聖山이라고 부른다. 또 한국의 불교도들은 일 년을 맞이하 는 정월 초에 화엄성중 기도를 올려서 한 해를 편안히 지낼 수 있게 한다.

이와 같이 한국의 불교는 오로지 화엄불교였다. 이러한 사실을 알아 화엄불교가 부활하여 화쟁和諍과 원융과 조화 와 소통으로 세상이 다시 평화로워야 할 것이다.

일 체 제 불 신
一切諸佛身이

유 시 일 법 신
唯是一法身이며

일 심 일 지 혜
一心一智慧니

역 무 외 역 연
力無畏亦然이니라

일체 모든 부처님의 몸이

오직 한 법신法身이시며

한 마음 한 지혜이시니

힘과 두려움 없음도 또한 그러하니라.

일체에 걸림이 없는 수행자는 한 길로 생사를 벗어나며, 일체 제불은 오직 한 법신이다. 한 법신이란 한 마음이며, 한 지혜다. 또 일불승一佛乘이다. 일불승이란 곧 사람이 부처님이라는 인불사상人佛思想이다. 부처님이 세상에 출현하신 것은 오직 모든 것을 구족한 사람이 부처님이라는 사실을 깨우쳐 주기 위함이다.

(2) 근기를 따라 보는 것이 다르다

여 본 취 보 리
如本趣菩提에

소 유 회 향 심
所有廻向心하야

득 여 시 찰 토
得如是刹土와

중 회 급 설 법
衆會及說法이니라

처음 보리에 나아갈 적에

가진 바 회향심廻向心과 같이 해서

이와 같은 세계와

대중과 설법을 얻느니라.

일 체 제 불 찰   장 엄 실 원 만
一切諸佛刹이   莊嚴悉圓滿이나

수 중 생 행 이   여 시 견 부 동
隨衆生行異하야   如是見不同이니라

일체 모든 부처님의 세계가

장엄이 모두 원만하나

중생들이 행이 다름을 따라서

이와 같이 보는 것도 같지 않도다.

제불세존은 모두가 한 길로 생사를 벗어났으나 중생들이

그 행위가 다름을 따라 보는 것이 다르다는 것을 밝혔다.

(3) 부연하여 해석하다

불 찰 여 불 신
佛刹與佛身과

중 회 급 언 설
衆會及言說이여

여 시 제 불 법
如是諸佛法을

중 생 막 능 견
衆生莫能見이니라

부처님 세계와 부처님 몸과

대중의 모임과 그 말씀이여

이와 같은 모든 불법을

중생들이 능히 볼 수 없도다.

기 심 이 청 정
其心已淸淨하고

제 원 개 구 족
諸願皆具足한

여 시 명 달 인
如是明達人이라야

어 차 내 능 도
於此乃能覩니라

그 마음이 이미 청정하고

모든 원願이 다 구족한

이와 같이 밝게 통달한 사람이라야

이것을 능히 보게 되리라.

앞의 게송에서는 중생들이 보지 못함을 밝혔고, 여기서는 마음이 청정하고 원이 구족하고 지혜가 명달한 사람은 능히 볼 수 있음을 밝혔다.

수 중 생 심 락
隨衆生心樂과

급 이 업 과 력
及以業果力하야

여 시 견 차 별
如是見差別하니

차 불 위 신 고
此佛威神故니라

중생들의 마음에 즐기는 것과
업을 짓고 과보를 받는 힘을 따라서
이와 같이 차별함을 보게 되나니
이것은 부처님의 위신력이로다.

부처님의 위신력으로 중생들의 마음에 즐기는 것과 업을 짓고 과보를 받는 힘을 따라서 이와 같이 차별함을 보게 되는 것임을 밝혔다.

불 찰 무 분 별
佛刹無分別이며

무 증 무 유 애
無憎無有愛로대

단 수 중 생 심
但隨衆生心하야

여 시 견 유 수
如是見有殊니라

부처님의 세계는 차별이 없으며

미워함도 사랑함도 없으나

다만 중생들의 마음을 따라서

이와 같이 다름이 있음을 보도다.

부처님의 세계란 사람 사람이 본래로 갖추고 있는 무차
별성과 청정성과 자유자재성에서 증애심이 없는 경지이다.
본래로 다 갖추고 있으나 각자가 분별을 일으키는 관계로
태양을 가리는 구름이 되어 어둡게 된 것이다.

이 시 어 세 계
以是於世界에

소 견 각 차 별
所見各差別이니

비 일 체 여 래
非一切如來

대 선 지 과 구
大仙之過咎니라

그러므로 온 세계에

보는 것이 각각 차별함이니

일체 여래와

대선大仙의 허물이 아니로다.

일 체 제 세 계　　　　　소 응 수 화 자
一切諸世界에　　　　　所應受化者는

상 견 인 중 웅　　　　　제 불 법 여 시
常見人中雄하나니　　　諸佛法如是니라

일체 모든 세계에

교화를 받을 사람은

사람 중의 영웅을 항상 보나니

모든 부처님의 법이 이와 같도다.

대선大仙은 곧 부처님이다. 사람 중의 영웅도 역시 부처님이다. 바로 사람 사람의 진여불성이며, 자성청정성이며, 법성생명성이다. 언제나 이 위대성을 깨달아 모두가 부처님으로 차별에 이끌리지 말고 당당하고 활발발하게 살아야 할 것이다.

10. 부처님의 경계심심境界甚深

1) 여러 보살이 문수보살에게 묻다

(부처님의 열 가지 경계)

爾時에 諸菩薩이 謂文殊師利菩薩言하사대 佛
子야 我等所解를 各自說已로소니 唯願仁者는 以妙
辯才로 演暢如來의 所有境界하소서

그때에 모든 보살들이 문수사리보살에게 말씀하였습
니다. "불자여, 우리들이 아는 바를 각자 말씀드렸사오
니 오직 원컨대 어진 이께서는 미묘한 변재로 여래가
소유하신 경계를 말씀하여 주소서."

그동안은 문수보살이 다른 여러 보살들에게 낱낱이 질문하고 질문을 받은 보살이 일일이 대답하였다. 이번에는 마지막으로 다른 여러 보살들이 문수보살에게 질문하고 문수보살이 대답하는 것으로 부처님의 경계에 대하여 묻는다. 부처님의 경계는 누구보다도 부처님의 지혜를 대신할 수 있는 문수보살만이 답할 수 있을 것이기 때문에 문수보살이 대답하는 것이리라.

何等이 是佛境界며 何等이 是佛境界因이며 何

等이 是佛境界度며 何等이 是佛境界入이며 何等이

是佛境界智며 何等이 是佛境界法이며 何等이 是

佛境界說이며 何等이 是佛境界知며 何等이 佛境

界證이며 何等이 是佛境界現이며 何等이 是佛境界

광
廣이니잇고

"어떤 것이 부처님의 경계며, 어떤 것이 부처님 경계의 인因이며, 어떤 것이 부처님 경계의 제도함이며, 어떤 것이 부처님 경계에 들어감이며, 어떤 것이 부처님 경계의 지혜며, 어떤 것이 부처님 경계의 법이며, 어떤 것이 부처님 경계의 말씀이며, 어떤 것이 부처님 경계의 앎이며, 어떤 것이 부처님 경계의 증득함이며, 어떤 것이 부처님 경계의 나타남이며, 어떤 것이 부처님 경계의 넓음입니까?"

앞에서는 부처님 경계의 전체적인 것을 물었다. 그리고 하나하나 명칭을 들어서 물었다. 부처님 경계의 원인과 부처님 경계의 제도와 부처님 경계에 들어감과 지혜와 법과 설법과 앎과 증득함과 나타남과 광대함까지 열 가지를 일일이 물었다. 이 모든 경계는 실은 사람 사람의 진여불성의 경계이기도 하다.

2) 문수보살의 답

(1) 여래 경계의 광대함

시　문수사리보살　이송답왈
時에 **文殊師利菩薩**이 **以頌答曰**

그때에 문수사리보살이 게송으로 답하였습니다.

여래심경계
如來深境界여

기량등허공
其量等虛空하시니

일체중생입
一切衆生入호대

이실무소입
而實無所入이니라

여래의 깊은 경계여

그 양量이 허공과 같으시니

모든 중생이 다 들어가되

실은 들어간 것이 없도다.

여래 경계의 허공성을 먼저 말하였다. 즉 진여불성의 경
계는 허공과 같으므로 모든 중생이 다 들어가도 실은 들어

간 것이 없다. 우리는 우리가 사는 이대로 진여불성의 허공
성을 누리고 사는 것이다.

(2) 억겁 불가설

여 래 심 경 계	소 유 승 묘 인
如來深境界의	**所有勝妙因**은

억 겁 상 선 설	역 부 불 능 진
億劫常宣說하야도	**亦復不能盡**이니라

여래의 깊은 경계의

수승하고 미묘한 원인은

억 겁 동안 항상 연설하여도

또한 능히 다할 수 없도다.

어떤 것이 부처님 경계의 인因인가에 대한 답이다. 여래의
깊고 깊은 경계에는 그에 상응하는 원인이 있을 것이다. 수
승하고 미묘한 원인이라 한다. 너무나 미묘하기에 억겁 동
안 설명해도 다하지 못한다.

(3) 부처님 경계의 제도

수 기 심 지 혜	유 진 함 령 익
隨其心智慧하야	誘進咸令益케하시니
여 시 도 중 생	제 불 지 경 계
如是度衆生이	諸佛之境界니라

그 마음과 지혜를 따라서

나아가기를 권해서 다 이익하게 하시니

이와 같이 중생을 제도하는 것이

모든 부처님의 경계로다.

부처님의 경계에서 중생을 제도한다는 것은 무엇인가. 중생들의 마음을 따라서 권유하여 수행해 나아가서 이익하게 하는 것이 부처님 경계의 제도이다.

(4) 부처님 경계가 세간에 들어감

세 간 제 국 토	일 체 개 수 입
世間諸國土에	一切皆隨入하사대
지 신 무 유 색	비 피 소 능 견
智身無有色하시니	非彼所能見이니라

세간의 모든 국토에
일체를 다 따라 들어가지만
지혜의 몸은 색상이 없으시니
저 세간들이 능히 볼 수 없도다.

부처님은 지혜다. 지혜의 몸이다. 지혜의 몸은 형상이 없
어서 세간 일체 국토에 다 들어가지만 그들은 능히 볼 수 없
다. 지혜의 몸은 본래 눈으로 보는 것이 아니다. 이것이 일체
인의 진여불성과 법성생명의 무상성無相性이다.

(5) 부처님의 지혜는 허공과 같다

제 불 지 자 재　　　　　　삼 세 무 소 애
諸佛智自在하사　　　　**三世無所礙**하시니

여 시 혜 경 계　　　　　　평 등 여 허 공
如是慧境界가　　　　　**平等如虛空**이니라

모든 부처님은 지혜가 자재하사
삼세에 걸림이 없으시니
이와 같은 지혜의 경계가
평등하여 허공과 같도다.

부처님은 지혜가 자재하여 과거 현재 미래에 걸림이 없다. 또 허공과 같이 평등하다. 이것이 부처님의 지혜 경계다.

(6) 일체 경계를 다 안다

법 계 중 생 계
法界衆生界가

구 경 무 차 별
究竟無差別을

일 체 실 료 지
一切悉了知하시니

차 시 여 래 경
此是如來境이니라

법계와 중생의 세계가
구경에 차별이 없음을
일체를 다 밝게 아시니
이것이 여래의 경계로다.

여래의 경계에서는 법계와 중생의 경계를 모두 차별 없이 다 안다. 그러므로 법계도 여래의 경계며 중생계도 또한 여래의 경계다. 법계와 중생계와 여래의 경계가 구경에는 차별이 없다.

(7) 모든 음성을 다 안다

일 체 세 계 중   소 유 제 음 성
一切世界中에   **所有諸音聲**을

불 지 개 수 료   역 무 유 분 별
佛智皆隨了하사대   **亦無有分別**이니라

일체 세계 가운데에

있는 바의 모든 음성을

부처님의 지혜로 다 따라 아시나

또한 분별이 없도다.

부처님의 지혜 경계는 일체 세계의 음성을 다 안다. 그것은 곧 여래가 음성 그 자체이기 때문이다. 여래는 모든 것이다. 모든 것이면서 하나다. 이것이 여래의 일체성一體性이다.

(8) 식識으로써 알 수 없다

비 식 소 능 식   역 비 심 경 계
非識所能識이며   **亦非心境界**라

기 성 본 청 정   개 시 제 군 생
其性本淸淨을   **開示諸群生**이시니라

식識으로써 알 바가 아니며
또한 마음의 경계도 아니니
그 성품이 본래 청정한 것을
모든 중생에게 열어 보이시도다.

여래의 경계는 궁극적으로 식識으로써 능히 알 수 있는
경계가 아니다. 또한 마음의 경계도 아니다. 식과 마음과 함
께할 뿐이다. 주객을 나누어서 아는 것과 알려지는 것이 아
니다. 이것이 진여자성의 불가지성不可知性이다. 그 성품은 본
래 텅 비어 청정하다. 이 구절은 화엄경의 또 하나의 명구다.

(9) 업도 번뇌도 아니다

비 업 비 번 뇌
非業非煩惱며

무 물 무 주 처
無物無住處며

무 조 무 소 행
無照無所行일새

평 등 행 세 간
平等行世間이시니라

업도 아니고 번뇌도 아니며
사물도 없고 머물 곳도 없으며

비춤도 없고 행할 곳도 없어서
평등하게 세간에 행하도다.

여래의 경계는 업도 아니고 번뇌도 아니다. 사물도 없고 머물 곳도 없다. 능히 비추는 주체도 없고 비춤이 어디에 가 닿는 곳도 없다. 평등하다. 다시 말하면 여래의 경계는 모든 것이어서 주관과 객관으로 나눌 수 없다.

(10) 한순간에 다 안다

일 체 중 생 심   보 재 삼 세 중
一切衆生心이   **普在三世中**이어늘

여 래 어 일 념   일 체 실 명 달
如來於一念에   **一切悉明達**이시니라

일체 중생들의 마음이
삼세에 널리 있거늘
여래는 한순간에
일체를 다 밝게 통달하도다.

부처님의 경계가 매우 깊고 깊음을 밝히는 경계심심境界甚深에 대해서 여러 보살들이 문수보살에게 묻고 문수보살이 답을 하는 내용의 마지막 게송이다. 부처님의 경계가 아무리 깊고 깊더라도 그 목적은 중생들의 마음을 잘 알아서 그들을 교화하고 조복하려는 것이다.

11. 총결總結

1) 사바세계의 온갖 차별

이 시 차 사 바 세 계 중   일 체 중 생   소 유 법 차
爾時此娑婆世界中에 一切衆生의 所有法差

별   업차별   세간차별   신차별   근차별   수
別과 業差別과 世間差別과 身差別과 根差別과 受

생차별   지계과차별   범계과차별   국토과차
生差別과 持戒果差別과 犯戒果差別과 國土果差

별   이불신력   실개명현
別을 以佛神力으로 悉皆明現하니라

그때에 이 사바세계 가운데 일체 중생의 법法의 차별
과 업業의 차별과 세간의 차별과 몸의 차별과 근根의 차
별과 생生을 받는 차별과 계戒를 지니는 과보果報의 차별
과 계를 범하는 과보의 차별과 국토의 과보 차별이 부

처님의 위신력으로 다 모두 분명하게 나타났습니다.

　보살들이 문답을 주고받으면서 부처님의 경계가 깊고 깊음을 드러내어 밝히는 내용의 총결이다. 먼저 사바세계 중생들의 온갖 차별이 부처님의 위신력으로 환하게 다 나타났음을 말하였다. 부처님의 위신력이란 깨달음의 지혜며, 부처님 정각의 내용이며, 진여자성과 법성생명의 위신력이다. 그 위신력에는 전체성과 원만구족성이 본래로 갖춰져 있기 때문에 중생의 온갖 차별을 환하게 다 나타낸다.

　먼저 중생의 법이란 중생이 수행하는 법이다. 곧 계학과 정학과 혜학 등등의 차별을 들 수 있다. 업이란 유루업도 있고 무루업도 있다. 세간차별이란 고의 원인인 집集과 그 결과인 고로 말미암음이다. 몸의 생김새와 종류도 각각 같지 않다. 근根의 차별이란 근기의 차별이다. 수생受生차별이란 태생과 난생과 습생과 화생이 각각 다름을 말한다. 지계에는 인간과 천신들의 승렬勝劣의 차별이 있음을 말한다. 범계에는 삼악도에도 경중의 차별이 있음을 말하고, 국토는 의지하여 사는 곳이 더러운 곳과 청정한 곳의 차별이 있음을 말한다.

　이와 같이 천차만별한 중생의 세계를 부처님은 깨달음의
지혜로 환하게 다 알고 다 본다. 그것은 곧 우리들 진여본성
에 본래 갖춘 청정광명성이며 원만구족성의 한 표현이다.

2) 법계의 온갖 차별

여 시 동 방 백 천 억 나 유 타　무 수 무 량 무 변 무
如是東方百千億那由他와 **無數無量無邊無**

등　불 가 수 불 가 칭 불 가 사 불 가 량 불 가 설　진
等과 **不可數不可稱不可思不可量不可說**인 **盡**

법 계 허 공 계 일 체 세 계 중　소 유 중 생　법 차 별
法界虛空界一切世界中에 **所有衆生**의 **法差別**과

내 지 국 토 과 차 별　실 이 불 신 력 고　분 명 현 현
乃至國土果差別을 **悉以佛神力故**로 **分明顯現**

남 서 북 방　사 유 상 하　역 부 여 시
하시니 **南西北方**과 **四維上下**도 **亦復如是**하니라

　이와 같이 동방의 백천억 나유타와 수없고, 한량없
고, 끝없고, 같을 이 없고, 셀 수 없고, 일컬을 수 없고,

생각할 수 없고, 헤아릴 수 없고, 말할 수 없는 온 법계와 허공계의 일체 세계 가운데 있는 중생의 법의 차별과 내지 국토의 과보 차별을 다 부처님의 위신력으로 분명하게 나타내었습니다. 그리고 남서 북방과 네 간방間方과 상방上方과 하방下方도 또한 다시 이와 같았습니다.

부처님의 위신력으로 사바세계의 온갖 차별을 그와 같이 나타내듯이 온 법계와 허공계의 일체 세계 가운데 있는 중생의 법의 차별과 내지 국토의 과보 차별을 다 부처님의 위신력으로 분명하게 나타내었다.

보살문명품 끝

〈제13권 끝〉

華嚴經 構成表

分次	周次		內容	品數	會次
擧果勸樂生信分 (信)	所信因果周		如來依正	世主妙嚴品 第一 如來現相品 第二 普賢三昧品 第三 世界成就品 第四 華藏世界品 第五 毘盧遮那品 第六	初會
修因契果生解分 (解)	差別因果周	差別因	十信	如來名號品 第七 四聖諦品 第八 光明覺品 第九 菩薩問明品 第十 淨行品 第十一 賢首品 第十二	二會
			十住	昇須彌山頂品 第十三 須彌頂上偈讚品 第十四 十住品 第十五 梵行品 第十六 初發心功德品 第十七 明法品 第十八	三會
			十行	昇夜摩天宮品 第十九 夜摩天宮偈讚品 第二十 十行品 第二十一 十無盡藏品 第二十二	四會
			十廻向	昇兜率天宮品 第二十三 兜率宮中偈讚品 第二十四 十廻向品 第二十五	五會
			十地	十地品 第二十六	六會
			等覺	十定品 第二十七 十通品 第二十八 十忍品 第二十九 阿僧祇品 第三十 如來壽量品 第三十一 菩薩住處品 第三十二	七會
		差別果	妙覺	佛不思議法品 第三十三 如來十身相海品 第三十四 如來隨好光明功德品 第三十五	
	平等因果周	平等因		普賢行品 第三十六	
		平等果		如來出現品 第三十七	
托法進修成行分 (行)	成行因果周		二千行門	離世間品 第三十八	八會
依人證入成德分 (證)	證入因果周		證果法門	入法界品 第三十九	九會

會場	放光別	會主	入定別	說法別舉
菩提場	遮那放齒光眉間光	普賢菩薩爲會主	入毘盧藏身三昧	如來依正法
普光明殿	世尊放兩足輪光	文殊菩薩爲會主	此會不入定·信未入位故	十信法
忉利天宮	世尊放兩足指光	法慧菩薩爲會主	入無量方便三昧	十住法門
夜摩天宮	如來放兩足趺光	功德林菩薩爲會主	入菩薩善思惟三昧	十行法門
兜率天宮	如來放兩膝輪光	金剛幢菩薩爲會主	入菩薩智光三昧	十廻向法門
他化天宮	如來放眉間毫相光	金剛藏菩薩爲會主	入菩薩大智慧光明三昧	十地法門
再會普光明殿	如來放眉間口光	如來爲會主	入刹那際三昧	等妙覺法門
三會普光明殿	此會佛不放光·表行依解法依解光故	普賢菩薩爲會主	入佛華莊嚴三昧	二千行門
祇陀園林	放眉間白毫光	如來善友爲會主	入獅子頻申三昧	果法門

如天 無比

1943년 영덕에서 출생하였다. 1958년 출가하여 덕흥사, 불국사, 범어사를 거쳐 1964년 해인사 강원을 졸업하고 동국역경연수원에서 수학하였다. 10여 년 선원생활을 하고 1976년 탄허스님에게 화엄경을 수학하고 전법, 이후 통도사 강주, 범어사 강주, 은해사 승가대학원장, 대한불교조계종 교육원장, 동국역경원장, 동화사 한문불전승가대학원장 등을 역임하였다.

현재 부산 문수선원 문수경전연구회에서 150여 명의 스님과 250여 명의 재가 신도들에게 화엄경을 강의하고 있다. 또한 다음 카페 '염화실'(http://cafe.daum.net/yumhwasil)을 통해 '모든 사람을 부처님으로 받들어 섬김으로써 이 땅에 평화와 행복을 가져오게 한다.'는 인불사상(人佛思想)을 펼치고 있다.

저서로 『법화경 법문』, 『신금강경 강의』, 『직지 강설』(전 2권), 『법화경 강의』(전 2권), 『신심명 강의』, 『임제록 강설』, 『대승찬 강설』, 『유마경 강설』, 『당신은 부처님』, 『사람이 부처님이다』, 『이것이 간화선이다』, 『무비 스님과 함께하는 불교공부』, 『무비 스님의 증도가 강의』, 『일곱 번의 작별인사』, 무비 스님이 가려 뽑은 명구 100선 시리즈(전 4권) 등이 있고 편찬하고 번역한 책으로 『화엄경(한글)』(전 10권), 『화엄경(한문)』(전 4권), 『금강경 오가해』 등이 있다.

대방광불화엄경 강설 제13권

| 초판 1쇄 발행_ 2014년 10월 17일
| 초판 3쇄 발행_ 2018년 4월 4일

| 지은이_ 여천 무비(如天 無比)
| 펴낸이_ 오세룡
| 편집_ 박성화 손미숙 정선경 이연희
| 기획_ 최은영
| 디자인_ 고혜정 김효선 장혜정
| 홍보 마케팅_ 이주하
| 펴낸곳_ 담앤북스
　　　　　서울특별시 종로구 사직로8길 34 (내수동) 경희궁의 아침 3단지 926호
　　　　　대표전화 02)765-1251 전송 02)764-1251 전자우편 damnbooks@hanmail.net
　　　　　출판등록 제300-2011-115호
| ISBN　978-89-98946-37-1　04220

정가 14,000원

ⓒ 무비스님 2014